Grimms Märchen tiefenpsychologisch gedeutet

W

Eugen Drewermann / Ingritt Neuhaus

Frau Holle

Märchen Nr. 24 aus der Grimmschen Sammlung

Walter-Verlag Solothurn und Düsseldorf

Der Text des Märchens ist in der Fassung der Grimmschen «Kinder- und Hausmärchen» von 1857 wiedergegeben.

Handgeschriebener Text und Batikbilder stammen von Ingritt Neuhaus, die tiefenpsychologische Deutung von Eugen Drewermann.

10. Auflage 1994

Druck: Nord-West-Druck, Trimbach
Einband: Walter-Verlag, Heitersheim
Printed in Switzerland
ISBN 3-530-16862-9

Vorwort

In der Reihe «Grimms Märchen tiefenpsychologisch gedeutet» stellt der Band über die «Frau Holle» eine wichtige Erweiterung und Ergänzung der rein symbolischen Deutungsverfahren der Tiefenpsychologie dar. Das Märchen vom «Mädchen ohne Hände» ließ sich vorwiegend auf der *Objektstufe* der Deutung verstehen; das vom «Goldenen Vogel» erschließt sich erst, wenn man die Personen, Räumlichkeiten und Begebenheiten der Erzählung *subjektal* als Teile, Orte und Prozesse in ein und derselben Psyche versteht; beide Erzählungen aber beschreiben auf dem Hintergrund einer äußerst zugespitzten Problemstellung die Schritte und Wege, die *innerpsychisch* notwendig sind, um allmählich zu einem wahreren und eigentlichen Leben hinzufinden.

Das Märchen der «Frau Holle» hingegen ist keine derartige Entwicklungsgeschichte seelischer Reifung; es schildert nicht, wie die inneren Gegensätze und psychischen Spannungen fortschreitend sich miteinander versöhnen; es beschreibt im Gegenteil, wie die *metaphysischen* Gegensätze im Erleben der Welt sich begründen, bestätigen und auswachsen. Die Geschichte der «Frau Holle» will nicht die Gegensätze der Psyche durch seelische *Integration* miteinander versöhnen; sie stellt vielmehr dar, wie die bestehenden Gegensätze im Erleben der Welt sich in der Erfahrung einer tieferen *Gerechtigkeit* miteinander verbinden.

Insofern tritt die Tiefenpsychologie bei der Interpretation solcher mythennahen Erzählungen wie von der «Frau Holle» durch ihre Symboldeutungen in den Dienst von Fragestellungen, die in sich selbst zutiefst religiöser und philosophischer Natur sind. Viele Märchen können lehren, im Umgang mit sich selbst weiser zu leben; das Märchen der «Frau Holle» lehrt, im Umgang mit dem scheinbaren Unrecht der Welt die verborgene Weisheit der Weltordnung trotz allem nicht aus den Augen zu verlieren. Beide Aussageebenen, die psychologische und die daseinshermeneutische, ergänzen einander; beide zusammen aber zeigen erst vollständig, was sich aus Märchen lernen läßt.

Das Märchen der «Frau Holle» wird nachfolgend also ganz wie ein alter Mythos interpretiert. Damit soll hier sowenig wie in den anderen Märcheninterpretationen dieser Reihe behauptet werden, die jetzige Gestalt, in der das Märchen in der Grimmschen Sammlung vorliegt, besitze auch *überlieferungsgeschichtlich* ein besonders hohes Alter. Wohl sind die Fragestellungen, die Motive und die Antworten des «Frau-Holle»-Märchens außerordentlich alt und weitverbreitet, und insofern stellt es seinen Anschauungsformen und seinem Gehalt nach in der Tat ein Urbild alter Mythologie dar; aber etwas ganz anderes sind die Fragen der literarhistorischen Entstehung und Verarbeitung mancher Märchen. Das Verhältnis ist hier ähnlich wie in der Ethnologie. Man kann als Völkerkundler eine steinzeitliche Kulturform der Gegenwart, die historisch betrachtet als relativ jung gelten muß, doch sehr wohl als prähistorisches Modell heranziehen, um die Anfänge menschlicher Kulturentwicklung vor vielen Jahrtausenden zu verstehen. In demselben Sinne kann auch ein historisch gesehen relativ junges Märchen wie die Geschichte der «Frau Holle» als Modell archaischer Weltanschauung gelten, und es muß auf einem Niveau interpretiert werden, das dem Aussagegehalt der Mythen angemessen ist. Das soll hier versucht werden.

Frau Holle

Eine Witwe hatte zwei Töchter, davon war die eine schön und fleißig, die andere häßlich und faul. Sie hatte aber die häßliche und faule, weil sie ihre rechte Tochter war, viel lieber, und die andere mußte alle Arbeit tun und der Aschenputtel im Hause sein. Das arme Mädchen mußte sich täglich auf die große Straße bei einem Brunnen setzen und mußte so viel spinnen, daß ihm das Blut aus den Fingern sprang. Nun trug es sich zu, daß die Spule einmal ganz blutig war, da bückte es sich damit in den Brunnen und wollte sie abwaschen; sie sprang ihm aber aus der Hand und fiel hinab. Es weinte, lief zur Stiefmutter und erzählte ihr das Unglück. Sie schalt es aber so heftig und war so unbarmherzig, daß sie sprach: „Hast du die Spule hinunterfallen lassen, so hol sie auch wieder herauf." Da ging das Mädchen zu dem Brunnen zurück und wußte nicht, was es anfangen sollte; und in seiner Herzensangst sprang es in den Brunnen hinein, um die Spule zu holen. Es verlor die Besinnung, und als es erwachte und wieder zu sich selber kam, war es auf einer schönen Wiese, wo die Sonne schien und vieltausend Blumen standen. Auf dieser Wiese ging es fort und kam zu einem Backofen, der war voller Brot; das Brot aber rief: „Ach, zieh mich raus, zieh mich raus, sonst verbrenn ich: ich bin schon längst ausgebacken." Da trat es herzu und holte mit dem Brotschieber alles nacheinander heraus. Danach ging es weiter und kam zu einem Baum, der hing voll Äpfel, und rief ihm zu: „Ach, schüttel mich, schüttel mich, wir Äpfel sind alle

EINE WITWE HATTE ZWEI TÖCHTER, DAVON WAR DIE EINE SCHÖN UND FLEISSIG, DIE ANDERE ABER HASSLICH UND FAUL...

miteinander reif." Da schüttelte es den Baum, daß die Äpfel fielen, als regneten sie, und schüttelte, bis keiner mehr oben war; und als es alle in einem Haufen zusammengelegt hatte, ging es wieder weiter. Endlich kam es zu einem kleinen Haus, daraus guckte eine alte Frau, weil sie aber so große Zähne hatte, ward ihm angst, und es wollte fortlaufen. Die alte Frau aber rief ihm nach: „Was fürchtest du dich, liebes Kind? Bleib bei mir, wenn du alle Arbeit im Hause ordentlich tun willst, so soll dir's gut gehn. Du mußt nur achtgeben, daß du mein Bett gut machst und es fleißig aufschüttelst, daß die Federn fliegen, dann schneit es in der Welt; ich bin die Frau Holle." Weil die Alte ihm so gut zusprach, so faßte sich das Mädchen ein Herz, willigte ein und begab sich in ihren Dienst. Es besorgte auch alles nach ihrer Zufriedenheit und schüttelte ihr das Bett immer gewaltig auf,

DAS ARME MÄDCHEN MUSSTE SICH TÄGLICH AUF DIE GROSSE STRASSE BEI DEM BRUNNEN SETZEN.
UND MUSSTE SO VIEL SPINNEN, DASS IHM DAS BLUT AUS DEM FINGER SPRANG.

daß die Federn wie Schneeflocken umherflogen; dafür hatte es auch ein gut Leben bei ihr, kein böses Wort und alle Tage Gesottenes und Gebratenes. Nun war es eine Zeitlang bei der Frau Holle, da ward es traurig und wußte anfangs selbst nicht, was ihm fehlte, endlich merkte es, daß es Heimweh war; ob es ihm hier gleich vieltausendmal besser ging als zu Haus, so hatte es doch ein Verlangen dahin. Endlich sagte es zu ihr: „Ich habe den Jammer nach Haus kriegt, und wenn es mir auch noch so gut hier unten geht, so kann ich doch nicht länger bleiben, ich muß wieder hinauf zu den Meinigen." Die Frau Holle sagte: „Es gefällt mir, daß du wieder nach Haus verlangst, und weil du mir so treu gedient hast, so will ich dich selbst wieder hinaufbringen." Sie nahm es darauf bei der Hand und führte es vor ein großes Tor. Das Tor ward aufgetan, und wie das Mädchen

DIE SPULE SPRANG IHM ABER AUS DER HAND
UND FIEL
HINAB...

gerade darunterstand, fiel ein gewaltiger Goldregen, und alles Gold blieb an ihm hängen, so daß es über und über davon bedeckt war. „Das sollst du haben, weil du so fleißig gewesen bist," sprach die Frau Holle und gab ihm auch die Spule wieder, die ihm in den Brunnen gefallen war. Darauf ward das Tor verschlossen, und das Mädchen befand sich oben auf der Welt, nicht weit von seiner Mutter Haus; und als es in den Hof kam, saß der Hahn auf dem Brunnen und rief:

„Kikeriki.
Unsere goldene Jungfrau ist wieder hie."

Da ging es hinein zu seiner Mutter, und weil es so mit Gold bedeckt ankam, ward es von ihr und der Schwester gut aufgenommen.

Das Mädchen erzählte alles, was ihm begegnet war, und als die Mutter hörte, wie es zu dem großen Reich-

ACH SCHÜTTLE MICH, SCHÜTTLE MICH, WIR ÄPFEL SIND ALLE MITEINANDER REIF.
DAS BROT ABER RIEF: „ACH, ZIEH MICH RAUS, SONST VERBRENNE ICH. ICH BIN SCHON AUSGEBACKEN.

tum gekommen war, wollte sie der andern, häßlichen und faulen Tochter gerne dasselbe Glück verschaffen. Sie mußte sich an den Brunnen setzen und spinnen; und damit ihre Spule blutig ward, stach sie sich in die Finger und stieß sich die Hand in die Dornhecke. Dann warf sie die Spule in den Brunnen und sprang selber hinein. Sie kam, wie die andere, auf die schöne Wiese und ging auf demselben Pfade weiter. Als sie zu dem Backofen gelangte, schrie das Brot wieder: „Ach, zieh mich raus, zieh mich raus, sonst verbrenn ich, ich bin schon längst ausgebacken." Die Faule aber antwortete: „Da hätt ich Lust, mich schmutzig zu machen," und ging fort. Bald kam sie zu dem Apfelbaum, der rief: „Ach, schüttel mich, schüttel mich, wir Äpfel sind alle miteinander reif." Sie antwortete aber: „Du kommst mir recht, es könnte mir einer auf den Kopf

JCH HABE DEN JAMMER NACH HAUS GEKRIEGT.

fallen", und ging damit weiter. Als sie vor der Frau Holle Haus kam, fürchtete sie sich nicht, weil sie von ihren großen Zähnen schon gehört hatte, und verdingte sich gleich zu ihr. Am ersten Tag tat sie sich Gewalt an, war fleißig und folgte der Frau Holle, wenn sie ihr etwas sagte, denn sie dachte an das viele Gold, das sie ihr schenken würde; am zweiten Tag aber fing sie schon an zu faulenzen, am dritten noch mehr, da wollte sie morgens gar nicht aufstehen. Sie machte auch der Frau Holle das Bett nicht, wie sich's gebührte, und schüttelte es nicht, daß die Federn aufflogen. Das ward die Frau Holle bald müde und sagte ihr den Dienst auf. Die Faule war das wohl zufrieden und meinte, nun würde der Goldregen kommen; die Frau Holle führte sie auch zu dem Tor, als sie aber darunterstand, ward statt des Goldes ein großer Kessel voll Pech ausgeschüttet. „Das

DER HAHN SASS AUF DEM BRUNNENRAND UND RIEF: „KIKERIKI, KIKERIKI, UNSERE GOLDMARIE IST WIEDER HIER.

ist zur Belohnung deiner Dienste," sagte die Frau Holle und schloß das Tor zu. Da kam die Faule heim, aber sie war ganz mit Pech bedeckt, und der Hahn auf dem Brunnen, als er sie sah, rief:

„Kikeriki,
unsere schmutzige Jungfrau ist wieder hie."

Das Pech aber blieb fest an ihr hängen und wollte, solange sie lebte, nicht abgehen.

DANN WARF SIE DIE SPULE IN DEN BRUNNEN UND SPRANG SELBER HINEIN.

Tiefenpsychologische Deutung

Mit guterzählten Märchen verhält es sich wie mit wohlkomponierten Opern: die Einleitung, die Ouvertüre ist das wichtigste; wer sie versteht, besitzt den Schlüssel zum Verständnis alles Folgenden. Die ersten Zeilen eines Märchens enthalten meist verdichtet die Themenüberschrift der Handlung; sie zeigen das Problem auf, dessen Lösungsweg im weiteren beschritten wird; und sie markieren, in welcher Art, mit Hilfe welcher Interpretationsmethode und in welch einer Aussagerichtung das jeweilige Märchen sich am weitesten erschließt.

Die ewige Frage: das Glück des Bösen und das Unglück des Guten

Die Einleitung zum Märchen der «Frau Holle» greift ein Thema auf, das Menschen quält, solange sie sich über den merkwürdigen Gang der Welt Gedanken machen; sie stellt eine philosophische oder, besser, eine zutiefst religiöse Frage: warum in dieser Welt ein solch krasser Gegensatz besteht zwischen gut und böse, schön und häßlich, tugendhaft und faul, und warum – dies einmal vorausgesetzt – das Gute in der Welt, wie sie sich zunächst dem Betrachter darbietet, derart «stiefmütterlich», grausam und ungerecht behandelt wird[1]. Warum, fragt dieses Märchen, geht es in der Welt immer wieder dem Schlechten gut, dem Guten aber schlecht? Was ist der Sinn dieses flagranten Unrechts, das man so oft und allerorten sieht?

Seit dem ägyptischen «Gespräch eines Lebensmüden mit seiner Seele»[2] und den Klagen des biblischen Hiob verlangt diese Frage eine Antwort. Aber wie kann eine solche Antwort aussehen? Nur soviel ist vor der Hand klar: man *muß* für dieses Menschheitsproblem eine Lösung finden, sonst ist ein geordnetes und sinnvolles Leben nicht möglich. Doch sollte man ausgerechnet einem so einfachen und altbekannten Märchen wie der Erzählung über die «Frau Holle» zutrauen, es wollte und vermöchte auf diese überaus schwierige und ernste Menschheitsfrage vom Unrecht in der Welt eine klärende und gültige Antwort zu geben?

Tatsächlich hat sich dieses «einfache» Märchen durchaus kein geringeres Ziel als eine solche Antwort gesetzt, und wir werden bald sehen, daß wir es *in Wahrheit* in der Frau-Holle-Geschichte mit den verdichteten Resten eines alten Mythos zu tun haben, der die widersprüchliche Ordnung der Welt in der Natur ebenso wie im menschlichen Leben zu begründen und begreifbar zu machen sucht. Daran liegt es, daß die Interpretation dieses Märchens ausnahmsweise mehr von religiösen und philosophischen Gedankengängen als von der Tiefenpsychologie bestimmt sein muß.

Bereits in der Einleitung des Märchens macht sich diese Eigentümlichkeit bemerkbar, und zwar vor allem in den Merkwürdigkeiten der Anfangsangaben. Man kann es für eine typische Eigenart primitiven Denkens und Erzählens halten, alle Gegensätze möglichst extrem und ohne Übergänge einander gegenüberzustellen: wie in einem schwarzweiß gedrehten Wildwestfilm ist im «Frau-Holle»-Märchen der Gute *ganz* gut und der Böse *ganz* böse; der Gegensatz selbst wird nicht weiter begründet und entwickelt, er wird vielmehr als gegeben hingenommen und zur Voraussetzung einer dramatischen Entwicklung vom Sieg des Guten über das Böse ausgestaltet. Aber was in Romanen oder Filmdrehbüchern mit Recht als primitiv oder als gar zu simpel gelten mag, erscheint doch in einem anderen Licht, wenn man den Gegensatz von Gut und Böse im «Frau-Holle»-Märchen einmal nicht psychologisch als Beschreibung einzelner menschlicher Personen (oder von Teilen ein und derselben Persönlichkeit), sondern *philosophisch* als Darstellung eines im Grunde metaphysischen Problems versteht: Die zwei Geschwister des «Frau-Holle»-Märchens sind dann im Grunde keine eigentlichen Personen; sie sind vielmehr Wesensgestalten, Typen, polare Gegensatzverkörperungen, für die es keine psychische Begründung gibt noch geben kann[3]. Das eine Kind, die Goldmarie, *muß* im Sinne einer solchen idealtypischen Entgegensetzung ganz und gar lauter und gut sein, denn es verkörpert das Gute an sich; und umgekehrt: die Pechmarie *muß* durch und durch als faul, häßlich und gemein erscheinen, weil sie in ihrem Wesen das Prinzip des Bösen verkörpert.

Die Polarisierung der Welt in Gut und Böse mutet bei dieser Betrachtungsweise demnach so wenig «primitiv» und «übertrieben» an wie bei den prinzipiellen Entgegensetzungen von Gut und Böse in der klassischen Metaphysik und in den Religionen der meisten Völker der Erde.

Unter der Voraussetzung einer im Grunde philosophischen Problematik versteht man bereits an dieser Stelle auch eine andere Eigentümlichkeit am Anfang des «Frau-Holle»-Märchens schon recht gut: warum die «Goldmarie» sich gegen die Benachteiligung und das Unrecht seitens ihrer «Stiefmutter» nicht zur Wehr setzt. Psychologisch gesehen, müßte man darin eine fast masochistische Leidensbereitschaft erkennen; aber philosophisch betrachtet kann es gar nicht anders sein. Die Frage des Märchens lautet ja nicht, wie man sich gegen das Unrecht der Welt schützen kann; das Märchen fragt lediglich, wie man mit dem Gegensatz von Gut und Böse, den es voraussetzt, leben und wie man mit dem skandalösen Unrecht, das sich daraus ergibt, auf sinnvolle Weise umgehen kann. Das «Frau-Holle»-Märchen spricht nicht von dem Unrecht, das sich vermeiden läßt, denn das stellt philosophisch kein eigentliches Problem dar; ein Problem hingegen ist das Unrecht, dem das Gute sich schuldlos und schutzlos ausgesetzt sieht. Wie gegenüber der Mißhandlung des Bösen sich das Gute behaupten kann, *ob* es sich überhaupt durchhalten kann –, *das* will das Märchen in Erfahrung bringen, und darauf will es eine Antwort geben.

Nun entwickelt das Märchen der «Frau Holle» freilich diese Problemstellung ebenso wie seine Antwort nicht nach Art eines philosophischen Diskurses aus abstrakter Spekulation und Begriffsanalyse; es stützt sich vielmehr ganz und gar auf die sinnliche Evidenz, auf das, was einem die Natur selber verrät, wenn man sie offenen Auges betrachtet. Diese Eigentümlichkeit teilt das «Frau-Holle»-Märchen mit der Mehrzahl der *Mythen*: es ist eine Geschichte, die anhand bestimmter Naturvorgänge zeigt, von welcher Art die Kräfte und Gesetze sind, die das Leben der Natur gleichermaßen wie das menschliche Dasein tragen und bestimmen; es ist eine Erzählung, welche die Infragestellungen und Gefährdungen der kosmischen und sittlichen Ordnung zu überwinden sucht, indem sie die Erschütterungen und Widersprüche der Natur und des menschlichen Lebens als Teile einer höheren Ordnung deutet und begreifen lehrt[4]. Insofern, als eine Mythe der Wegweisung und der Versöhnung, ist das «Frau-Holle»-Märchen eine zutiefst philosophische und religiöse Parabel, deren Bildelemente und Symbole indessen aus der äußeren Natur gewonnen sind.

Die Weisheit der Natur: das Schicksal von Sonne und Mond

Alles, was das «Frau-Holle»-Märchen an Wesenseinsichten vermitteln kann und will, läßt sich im Rahmen der Naturmythologie an den Gestalten von Sonne und Mond ablesen[5]. Stünde die Geschichte der «Frau Holle» nicht in der Grimmschen Märchensammlung, sondern in einer Ausgabe altgermanischer Mythen, so bedürfte es nur eines Hinweises, um in der «Goldmarie» und in der «Pechmarie» das Schicksal der beiden großen Himmelsgestirne Sonne und Mond zu erkennen. So aber ist eine ausführlichere Begründung dieses Sachverhaltes zum Verständnis unerläßlich.

Die Goldmarie als Sonnenkind

Der «Steckbrief» der *Goldmarie* als eines Sonnenmädchens ist bereits aus einer einfachen Faktenzusammenstellung genügend deutlich zu sehen: Die Goldmarie ist ein wunderschönes, fleißiges Mädchen, das tagaus, tagein an der Straße spinnt, bis es sich die Finger blutig sticht und beim Waschen seine Spindel im Brunnen verliert; auf den Befehl der grausamen Stiefmutter hin, die Spindel wieder hervorzuholen, stürzt es sich selbst in den Brunnen hinab und bleibt dort im Reich der Frau Holle, bis es nach der Zeit des Schneefalls durch einen Torbogen in goldenem Glanze wieder in die Welt der «Stiefmutter» zurückkehrt. – Die meisten Details dieser Geschichte blieben unverständlich, ja sie müßten ganz absurd anmuten, wenn man nicht den naturhaften Hintergrund zahlreicher Mythen voraussetzen dürfte: Kein Mensch – selbst nicht in südlichen Ländern – wird tagaus, tagein, statt in seinem Zimmer, an der Straße sitzen und spinnen; niemand auch wird – selbst nicht im Jähzorn – so aberwitzig sein, eine verlorene Spindel aus dem Brunnen wieder hervorholen zu lassen; und sogar wenn man einen derartigen Befehl, wie ihn die Stiefmutter der Goldmarie erteilt, noch für sinnvoll halten wollte, wird sich doch niemand halsüberkopf ohne Vorsicht und Absicherung in den Brunnen stürzen –, ganz zu schweigen von dem merkwürdigen Erwachen des verstoßenen Mädchens unterhalb des Brunnens auf der Wiese voll blühender Blumen.

Es ist kein Zweifel: diese Geschichte erzählt nicht von einer Begebenheit an irgendeinem Dorfbrunnen, sondern der Brunnen, der zu dem unterirdischen Paradies der Frau Holle führt, ist der Brunnen des Himmelsozeans im Westen der Welt[6], durch den das Sonnengestirn versinkt, um nach Ablauf der Nacht bzw. nach Ablauf des Winters durch das Tor des Ostens[7] in erneuerter Schönheit und Jugend in die sichtbare Welt zurückzukehren. Die Sonnenscheibe selbst ist die Spindel des Sonnenkindes[8], und die Spinnfäden sind die feinen Sonnenstrahlen[9]. Blutig aber muß die Spindel im Brunnen versinken, weil die Sonne selber blutig rot in den Weltozean hinabtaucht[10]. Die «große Straße» am Brunnen, auf der das Sonnenmädchen Tag für Tag sein Werk verrichtet, ist demgemäß kein Weg auf Erden, sondern die große Himmelsstraße[11], die Sonnenbahn, die Milchstraße.

Auch die Arbeiten im Reich der Frau Holle versteht man von daher mühelos als Werk der Sonne.

Am eindeutigsten ist das beim Aufschütteln der Federn des Bettlagers der Frau Holle: Es schneit auf Erden, während das geschieht –, das heißt, es wird auf Erden Winter; der Apfelbaum, der abgeerntet werden will, ist dann mit Sicherheit ebenfalls als das Symbol einer Jahreszeit, nämlich des Herbstes, zu verstehen, während der Backofen mit dem Brot auf den Sommer hinweist[12]. – Die einzelnen «Aufgaben» der Goldmarie im Reich der Frau Holle sind also identisch mit den Jahreszeiten; ihre Rückkehr durch das goldene Tor bezeichnet demgemäß den Frühling.

Indem somit alle Tätigkeiten der Goldmarie sich als Werke der Sonne zu erkennen geben, darf man es als gegeben betrachten, daß die Goldmarie selber die Sonne verkörpert.

Dann können sogar die Zeitangaben von Brunnenabstieg und Rückkehr ein Stück weit präzisiert werden. Wenn der Weg der Sonne durch den goldenen Torbogen im Frühling als Rückkehr in diese Welt zu verstehen ist, so muß der Abstieg in den Brunnen als Abschied der Sonne von dieser Welt gedeutet

werden; zu diesem Motiv paßt jedoch wohl die Zeit des Herbstes, aber eigentlich nicht schon das Bild vom Backofen, das Motiv des Sommers. Die Zeitangabe vom «Backofen» ist indessen ganz korrekt, wenn man den Brunnenabstieg als Bild der *Sommersonnenwende* deutet [13]. Tatsächlich hat sich ja die Sonnenbahn bereits geneigt, wenn die «Backofenhitze» des Sommers zirka sechs Wochen nach dem Sonnenhöchststand einsetzt. Allerdings wird mit den Bildern vom Brunnenabstieg und von der goldenen Wiederkehr durch das Tor der Frau Holle anfangs nicht der Wechsel der Jahreszeiten, sondern der Wechsel von Tag und Nacht bezeichnet worden sein, und erst später dürfte man dieses Schema auf den Ablauf des Jahres übertragen haben. Die *Tagzeit* des Jahres, die Wiederkehr durch den Goldbogen, beginnt indes mit der Wintersonnenwende, und sie endet im Bild des Brunnenabstiegs mit der Sommersonnenwende.
Freilich muß man zugeben, daß die Teilung des Jahres in zwei gleiche Hälften in dem Märchen nicht mehr erkennbar ist, und der Grund dafür liegt wohl darin, daß das «Frau-Holle»-Märchen letztlich nicht den Ablauf des Jahres beschreibt, sondern etwas ganz anderes. Man muß die Angabe offenbar ganz wörtlich nehmen, daß die Goldmarie erst bei ihrem Weg in diese Welt durch den Torbogen der Frau Holle golden *wird.* Das Märchen erzählt mit anderen Worten nicht einfach den Lebenslauf der Sonne, sondern es berichtet, wie die Sonne ihre heutige goldene Gestalt erhielt, wie also das Sonnenmädchen zu dem wurde, was es heute ist. Im Grunde hat man es demnach mit einer *kosmogonischen Mythe* zu tun, die in Form eines einmaligen Geschehens erzählt, was in der heutigen Welt als ewiges Geschehen seit Urzeittagen immer von neuem sich im Schicksal der Sonne wiederholt.

Die Pechmarie als Mondgestalt

Unter diesen Voraussetzungen fällt es wohl nicht schwer, auch das Rätsel um das merkwürdige Verhalten der *Pechmarie* zu lüften. Ihr «Steckbrief» ist ebenfalls rasch erstellt: Sie gilt als die Stiefschwester der Goldmarie und wohnt mit ihr im gleichen Hause; sie folgt am Weltenbrunnen dem gleichen Weg wie ihre schöne Schwester, und es stellen sich ihr die gleichen Aufgaben wie dieser; kurz, die Pechmarie wäre selbst ganz wie die Sonne, wenn sie sich nicht durch ihre Faulheit alles verderben würde: es geschieht ihr zur Strafe, daß sie schließlich fleckig und häßlich in diese Welt zurückkehrt. – Das Gestirn, auf welches diese Merkmale restlos und vollständig zutreffen, ist *der Mond.* Er kann mit Recht als ein faules Subjekt und als ein Vielversprecher gelten, weil er zunächst – als Vollmond – groß und mit vollem Einsatz zu Werke zu gehen scheint, dann aber immer mehr abnimmt und in seinem Fleiß erlahmt, so daß er bald schon sich gänzlich zur Ruhe legt. Eben dieser Unart wegen verdient er nicht, der Sonne gleich zu sein, so sehr er ihr auch gleichen möchte; weisen doch seine Flecken darauf hin, welch einer dunklen Natur er zugehört.
Das Märchen der «Frau Holle» beschreibt demnach nicht allein, wie die Sonne, sondern auch, wie der Mond seine jetzige Gestalt erhielt [14].
Trifft diese Deutung zu, so muß man allerdings für den Mond bei seinem Abstieg durch den Weltenbrunnen und bei seiner Rückkehr durch das goldene Himmelstor noch ein anderes Zeitmaß voraussetzen als bei der Sonne. Was die Sonne im Zyklus eines Jahres als Schicksal von Abstieg und Wiederkehr erlebt, durchmißt der Mond in der wesentlich kürzeren Spanne eines Monats. Deutlich ersieht man daran, daß das ursprüngliche Schema des Tageszyklus relativ offen auf die anderen Zeitzyklen übertragen werden konnte [15]. Was bei der Sonne als Aufstieg und Abstieg am Himmel erscheint, stellt sich beim Mond als abnehmende und zunehmende Phase dar. Dabei gilt dem Märchen unzweifelhaft das Schicksal der Sonne als maßgebender und vorbildlicher Ausgangspunkt der Betrachtung; der Mond ist nur eine Kümmergestalt der Sonne. Diese Feststellung ist wichtig, weil vieles dafür spricht, daß *historisch* die Mondmythologie früher war als die Sonnenmythologie [16]. Im «Frau-Holle»-Märchen hingegen verhält es sich von der Wesensbeschreibung beider Gestirne her gerade umgekehrt: Die Sonne erscheint als das Vorbild des Mondes.

Die Große Göttin und die Frau Welt

Als wären all diese Details nicht in sich bereits Beweis genug, um das «Frau-Holle»-Märchen als eine alte Weltentstehungsmythe erscheinen zu lassen, ist der Name der «Frau Holle» selbst ein unzweideutiges Zeichen für den mythischen, ursprünglich religiösen Charakter des Märchens. Die Frau Holle ist keine andere als die germanische Göttin Hulda (oder Berchta). In ihr lebt die Gestalt der Mutter Erde fort, zu der man gelangt, wenn man durch den Weltenbrunnen in die Unterwelt hinabsteigt[17]. Zugleich ist sie als die Große Göttin die Königin des Himmels, deren Bettfedern als Schnee zur Erde fallen[18]. Die absolute Macht dieser Göttin läßt sich daran erkennen, daß sie es ist, die der Sonne und dem Mond ihre heutige Gestalt verliehen hat[19]. Zudem ist sie die eigentliche Herrin über Leben und Tod[20]. Sie vermag nicht nur den tödlichen Absturz der Lichtgestirne im Westen der Welt aufzufangen und sie am Leben zu erhalten, sie besitzt auch die «gebratene», also im Feuer zubereitete Speise, deren das Sonnenmädchen offenbar als Delikatesse zu seiner Erneuerung nach der Zeit des Winters bedarf[21]. Als Erdgöttin trägt sie gleichwohl auch die Merkmale einer Todesgöttin an sich. Insbesondere ihr Gebiß jagt dem Sonnenmädchen einen furchtbaren Schrecken ein[22], und sie erscheint ihm zunächst so, wie sie in vielen Mythen am Fuße des Weltenbrunnens dargestellt wird: als ein fressendes, schlangen- oder krötenähnliches Ungeheuer, das alles Leben und Licht in sich hineinschlingt[23]. Doch was sie mit dem Mund verschlingt, ist in Wahrheit dazu bestimmt, aus ihrem jungfräulichen Schoß wiedergeboren zu werden, und das goldene Tor, durch welches das Sonnenmädchen in die Welt zurückkehrt, ist nur ein anderes Bild für die verjüngende, verschönernde und wiedergebärende Macht der Großen Göttin[24].

Offen bleibt dann nur noch die Frage, wer eigentlich die «Stiefmutter» ist, in deren Haus die Sonne und der Mond ihre Wohnung haben. Da sie als ihre eigentliche Tochter das Mondmädchen betrachtet, könnte man in der Stiefmutter zunächst eine Göttin der Nacht erblicken. Aber zu dieser Deutung würde nicht gut passen, daß es doch ihr Haus ist, in welches das Sonnenmädchen am Ende des Winters zurückkehrt. Das «Haus» der «Stiefmutter» ist offenbar nichts anderes als die sichtbare Welt, und nimmt man hinzu, wie ungerecht, grausam und verschlagen, wie buchstäblich «stiefmütterlich» sie im Umgang mit dem guten Sonnenmädchen geschildert wird, so kommt man nicht umhin, in der «Stiefmutter» eine echte Gegenspielerin zu der gütigen und gerechten Frau Holle zu erkennen. Ist die Frau Holle die Erdgöttin und Himmelskönigin, so wird man die «Stiefmutter» folglich am ehesten für eine Verkörperung dessen halten müssen, was vor allem in der mittelalterlichen Symbolsprache als «Frau Welt» verstanden wurde: eine Personifikation der äußerlichen, materiellen Welt in ihrer Schlechtigkeit und grausamen Bosheit[25].

Bis hierher läßt sich die Geschichte des «Frau-Holle»-Märchens mithin folgendermaßen wiedergeben, und man versteht dann gleich, in welcher Weise das eigentliche Problem der Erzählung, die empörende Ungerechtigkeit der Welt, im Rahmen der Naturmythologie eine erste Antwort findet: Im Hause der Frau Welt wohnen zwei Kinder: eines, das sie als ihr eigenes anerkennt, obwohl – oder gerade weil – es sich durch besondere Faulheit und Häßlichkeit auszeichnet, und ein anderes, das fleißig und schön ist, aber von ihr stiefmütterlich und zurückweisend behandelt wird; das eine ist das Mondmädchen, das andere das Sonnenmädchen. Wer immer die Natur beobachtet, muß es empörend finden, was für ein Unrecht dem guten und überaus liebenswürdigen Sonnenmädchen von der gemeinen Frau Welt zugefügt wird: Das Sonnenmädchen ist so emsig, gehorsam und bemüht, es wirkt mit aller Kraft unermüdlich so viel Gutes, daß man gerade ihm nur Glück und Wohlergehen wünschen möchte; und dennoch muß man mitansehen, wie es Abend für Abend vom Himmel verstoßen wird. Das Regiment seiner Stiefmutter ist derart grausam und quälend, daß sich das Sonnenmädchen buchstäblich zu Tode arbeiten muß: Wenn es am Ende des Tages im westlichen Himmelsbrunnen versinkt, so zeigt sich im flammenden Abendrot, wie sehr das arme Sonnenkind bis aufs Blut gepeinigt wird; trotz all seiner Mühen wird es mit Schimpf und Schande vom Himmel verjagt. Sein Abstieg im Westen ist wie der Akt eines verzweifelten Gehorsams gegenüber einem mörderischen Unrecht; er ist wie ein hilfloses und endgültiges Versinken, eine Art freiwilligen Untergangs, weil ihm auf dieser Welt doch kein Ort bleibt, an dem es in der Weise weilen dürfte, die ihm von Rechts wegen zukäme.

Was für ein Sinn, muß man mit dem «Frau-Holle»-Märchen fragen, liegt aber dann in einer derartig offensichtlichen Mißachtung jeden Rechtsempfindens? Wie ist es möglich, einen solchen Lauf der Welt zu dulden?

Die sanfte Gerechtigkeit der Frau Holle

Die Antwort der Natur auf diese alte Menschheitsfrage ist mit den Augen eines jeden zu erkennen, der das Geschick der Sonne tief genug begreift: An jedem Morgen und in jedem Frühling kommt das Sonnenmädchen durch den Torbogen des Ostens in die Welt zurück, und jedesmal sieht es dann schöner aus als je zuvor. Die eigentliche Wahrheit seines Lebens lautet, daß sein schmählicher und ungerechter Tod im Westen, sein Abstieg in die Unterwelt, durchaus nicht als ein Ende aufzufassen ist; es selber geht vielmehr verjüngt, gestärkt, verschönert aus seinem Untergang hervor, und eben damit wird das Sonnenschicksal selbst in der Anschauung der alten Mythen zum Trost der Menschen.

Wenn man unter dem furchtbaren Regime der Welt die Sonne sterben sieht, so kann man zwar darüber immer wieder erschrocken und unendlich traurig sein: So geht es im Hause von Frau Welt zu, daß man darin das gute Sonnenkind auf die Dauer nicht erträgt! So zum Verzweifeln ungerecht ist diese Welt – sie hält es immer mit den Schändlichen und stößt die Guten ins Verderben! Aber so ungerecht und grausam erscheint die Welt doch nur auf den ersten Blick. In Wirklichkeit gereicht der ungerechte Tod dem Sonnenmädchen selbst schließlich zu seinem Vorteil. Der Vordergrund des Weltenlaufs mag oft genug den Eindruck groben Unrechts und einer geradezu perfekten, routinierten Grausamkeit erwecken; im Hintergrund jedoch trägt diese Welt das Antlitz nicht der Stiefmutter, sondern der gütigen Frau Holle; in ihrem Innersten ist diese Welt gerecht und gut.

Der Lebenslauf der Sonne bezeugt demnach bereits in der Religion der Großen Mutter eine Wahrheit, die auch das Christentum später nicht besser, treffender und würdiger aussprechen konnte als mit den Worten, daß der Gerechte «all dies leiden mußte, um gerade so zu seiner Herrlichkeit zu finden» (Lk 24,25). Wenn die frühen Christen ihren gekreuzigten und auferstandenen Erlöser im Symbol der Unbesiegten Sonne feierten, so konnten sie an derartige Glaubenslehren des sogenannten Heidentums in ungebrochener Tradition anknüpfen[26].

Dem unmittelbaren Eindruck zum Trotz gibt es also doch eine ausgleichende Gerechtigkeit, wie es das Schicksal der Sonne beweist. Zu einer solchen Gerechtigkeit gehört indessen nicht allein die glänzende Rückkehr des guten Sonnenmädchens, sondern ebenso die Bestrafung des faulen Mondmädchens. Auch hier sorgt die Frau Holle auf der Rückseite der Welt dafür, daß der Betreffenden schließlich ihre Faulheit und Bosheit auf das eigene Haupt herabfällt. Und der Mond bietet das passende Lehrstück zu dieser Wahrheit. An ihm läßt sich ablesen, daß das Böse schließlich durch seine eigene Häßlichkeit bestraft, das Gute hingegen durch seine Schönheit belohnt wird. Das Mondmädchen ist letzten Endes, nur in gesteigerter Form, das, was es schon von Anfang an war: durch und durch häßlich; und das Sonnenmädchen vollendet gleichermaßen nur sein eigenes Wesen, seine eigene Schönheit, wenn es am Ende seiner Dienstzeit im Hause der Frau Holle in vergoldetem Glanze in die Welt zurückkehrt.

Von solcher Art ist also die Gerechtigkeit der Großen Göttin. Sie ändert nicht die Fakten und die Tatsachen – die «Stiefmutter», Frau Welt, bleibt, wie sie ist; aber von innen her, durch die Wesensvollendung des Guten und des Schönen ebenso wie durch die Ausgestaltung des Bösen und des Häßlichen, verwandeln sich die in sich selbst verkehrten Absichten der «Stiefmutter» entgegen ihrem eigenen Willen schließlich in das Richtige. Selbst in der äußeren Realität ist letztlich doch das Gute und das Schöne zugleich auch das ganz und gar Glückliche; das Böse und das Häßliche hingegen gibt sich zuletzt als das schlechthin Besudelte, Pechüber-

gossene und zutiefst Unglückselige vor aller Augen zu erkennen.
Wir haben es also mit einer Gerechtigkeit zu tun, die sich von innen her aus dem Wesen der Dinge, aus dem Untergrund der Welt wie von selbst ergibt. Für sie verbürgt sich die Gestalt der Großen Göttin. Die Frau Holle, nach der dieses alte Märchen benannt ist, verkörpert demnach, im Unterschied zu der «stiefmütterlichen» Außen- oder Oberflächengestalt der Welt, gerade diese verborgene Wahrheit und gütige Weisheit des Lebens, auf welcher ihre geheime Macht beruht. Wohl nicht zuletzt eben deswegen nannten die Germanen sie «die Holde», die «Frau Holle».[27].
Auf diese Weise läßt sich bereits im Rahmen der bloßen Naturmythologie die These und die Argumentation verstehen, mittels deren das «Frau-Holle»-Märchen das Problem der Ungerechtigkeit und des unverdienten Leidens in der Welt zu lösen versucht. Es enthält eine sehr tiefsinnige Art, die Dinge so zu betrachten, daß in ihnen selber am Ende eine Antwort aufleuchtet, die, einmal eingesehen und geschaut, sich mit der Selbstverständlichkeit und Evidenz eines sinnenfällig wahrnehmbaren Sachverhaltes geltend macht – sinnenfällig und sichtbar wie Tag und Nacht, wie der Wechsel des Mondes und der Wechsel des Jahres, wie der ewige Kontrast von Licht und Finsternis.

Die Bestätigung der menschlichen Existenz

Mythische Naturbeschreibungen als Wesensdarstellungen

Die Antwort dieses Märchens ist jedoch nur insoweit überzeugend und unmittelbar schlüssig, als die Verhältnisse am Himmel nach Menschenweise vorgestellt werden. Sobald man in Sonne und Mond nur noch tote Gestirne statt menschenähnlicher Personen erblickt, verliert das Märchen seine Überzeugungskraft, und nicht selten wird denn auch der Schluß gezogen, die alten Naturmythen und -märchen seien in ihrem geistigen Gehalt nur noch als historische Dokumente von Interesse; als Beschreibungen der Wirklichkeit seien sie durchaus nicht ernstzunehmen. Doch so gewiß die Erzählungen der Alten als Naturdarstellungen ihre Gültigkeit verloren haben, so gewiß sind und waren sie niemals bloße Beschreibungen gewisser Naturphänomene. Vielmehr hat sich gerade an einer solchen Geschichte wie dem Märchen von der Frau Holle bereits gezeigt, daß die Beschreibung der Entstehung von Sonne und Mond im Grunde eminent religiöse bzw. metaphysische Fragen aufgreift und beantwortet; was eine Mythe oder ein Märchen auf dieser inneren Ebene zu sagen hat, kann sehr wohl wahr sein, auch wenn das naturwissenschaftliche Weltbild seine äußere Naturerkenntnis Lügen straft[28]. Die Schilderung der äußeren Natur ist für die alten Mythen und Märchen durchaus kein bloßer Selbstzweck, sondern das äußere Naturgeschehen dient als *symbolisches* Aussagemittel; es stellt keine Realität an sich dar, sondern es bildet nur den Vorraum zur Entdeckung der eigentlichen, verborgenen Wahrheiten in der Tiefe der Wirklichkeit. Das gilt natürlich erst recht von einem solchen Märchen wie dem der Frau Holle, das schon von vornherein die äußere, sichtbare Wirklichkeit für etwas Vordergründiges und Unwahres erklärt. Wollte man die «Naturbeschreibung» der Mythen nicht selbst als ein Symbol verstehen, so müßte die Antwort des «Frau-Holle»-Märchens auf die alte Menschheitsfrage nach dem Unrecht in der Welt sogar als besonders unglaubwürdig gelten.
Der «Tod» und die «Wiedergeburt» der *Sonne* mögen auf gewisse Weise zeigen, daß es doch eine verborgene Gerechtigkeit der Welt gibt; aber gilt das auch für das *menschliche* Leben? Die «getötete» Sonne kehrt an jedem Morgen, in jedem Frühling sichtbar zurück; aber Menschen, die um der Gerechtigkeit willen

sterben, wo finden sie ihren Lohn, ihre Bestätigung, ihren sichtbaren Ausgleich im Leben?
Um die bleibende und gültige Aussage des «Frau-Holle»-Märchens sichtbar zu machen, muß man die Bewegungen der Erzählung, die als Naturmythologie in die äußere Natur hineingelegt sind, als innere geistige und psychische Bewegungen nachvollziehen[29], denn die innere Evidenz ist ursprünglicher als die Projektion nach außen. Sonne und Mond sind dann selbst nur Sinn-Bilder für das widersprüchliche Verhältnis von Gut und Böse in der Welt. Dieser Gegensatz könnte an sich auch an der Gegenüberstellung anderer Naturgewalten in Erscheinung treten; er ist nicht an die Gestalten von Sonne und Mond gebunden, wenngleich die gesamte Konzeption derartiger Erzählungen bevorzugt an den Lichtgestirnen oder am periodischen Wechsel der Vegetation dargestellt wurde[30]. Aber man hat es in jedem Fall mit Bildern zu tun, die etwas *Wesentliches* über Gut und Böse in der Welt aussagen wollen. Was in der Naturmythologie als Weltentstehungsmythe zu interpretieren ist, erhebt in religiöser und philosophischer Betrachtung keinen geringeren Anspruch, als daß hier etwas über die Grundlagen und Wesenseigentümlichkeiten der Welt als ganzer zum Ausdruck gebracht wird. Daher kommt es für die Deutung natürlich darauf an, die einzelnen Momente des Märchens, soweit sie nicht rein naturmythologisch bedingt sind, auch wirklich als philosophisch-religiöse Wesensaussagen zu begründen und in der Interpretation zu würdigen, das heißt, sie existentiell nachzuvollziehen und in ihrer inneren Wahrheit zu erfassen.

Der Gegensatz von Faul und Fleißig, Schön und Häßlich

Religiös und philosophisch höchst bedeutsam ist bei näherer Betrachtung bereits die Polarisierung von Gut und Böse an sich. Zwar denkt das Märchen den zugrundeliegenden Gegensatz zunächst nicht unmittelbar auf der sittlichen Ebene: Das Mondmädchen ist nicht die Verkörperung eines schlechthin bösen Prinzips, das nach der Art eines Teufels bestrebt wäre, die Welt ins Verderben zu stürzen – es ist «nur» einfach faul; und das Sonnenmädchen ist keine kämpferische Sonnenheldin, die den Machenschaften des Dunklen und Bösen siegreich entgegentritt – es ist «nur» einfach fleißig[31]. – Insofern scheint die ethische Entgegensetzung von Gut und Böse in zahlreichen Mythen und Märchen im «Frau-Holle»-Märchen nahezu verharmlost und entdramatisiert worden zu sein. Aber es ist durchaus die Frage, ob in der Gegenüberstellung von Faul und Fleißig der ursprüngliche Gegensatz von Gut und Böse nicht in Wirklichkeit sogar gesteigert, jedenfalls präziser formuliert wird.
Es gibt in den Mythen der Völker genügend Parallelen, in denen das Böse gerade nicht als das Handelnde, bewußt Zerstörende verstanden wird, sondern in denen es einfach als etwas Retardierendes, Untätiges erscheint, als das Gewicht der Schwerkraft, das sich der Bewegung widersetzt, als ein Sog nach rückwärts gegen die Entfaltung der Dinge[32]. Jede Art von Tätigkeit, so müßte man im Sinne dieses Ansatzes denken, trägt doch noch irgendwie zur Bewegung des Ganzen bei und ist in sich niemals nur böse; wirklich von Übel aber ist die Starre, die Unbeweglichkeit; und besonders bezüglich der Himmelsgestirne ist in den Mythen (beispielsweise der Azteken) die Furcht am allergrößten, daß etwa die Sonne in ihrem Lauf stillstehen könnte[33]. Mehr als alles andere läßt sich die passive Verweigerung der Faulheit als Grundübel verstehen, und umgekehrt ist es dann der Fleiß, die innere Anteilnahme und Aktivität, das Moment der Bewegung, was das Gute kennzeichnet. – Ein Satz der mittelalterlichen Philosophie brachte diese Einsicht auf die Formel, das Gute sei etwas, das danach dränge, zu wirken und sich selber mitzuteilen (bonum est diffusivum sui)[34]; das Böse indessen, müßte man folgerichtig sagen, bleibt in sich selbst verschlossen und weigert sich, auch nur irgendetwas wirklich zu bewirken; es ist so etwas wie ein Streik des Bewußtseins.
Läßt man diese Bestimmungen gelten, so bestätigt sich der erste Eindruck von der Typenhaftigkeit aller Gestalten des Märchens, und man versteht, wieso es im «Frau-Holle»-Märchen keine Psychologie der Faulheit oder des Fleißes gibt noch geben kann. Es wäre für die Interpretation ein schwerer Fehler, wollte man sich darüber Gedanken machen, worin die Faulheit der einen und

der Fleiß der anderen Tochter psychologisch ihren Ursprung haben könnte; desgleichen müßte es in die Irre führen, wenn man über das Vorleben und Verhalten der verwitweten Stiefmutter soziologische oder psychologische Spekulationen anstellen würde. Es ist wahr, daß die gesamte Erzählung der «Frau Holle» in den Umkreis der Religion der Großen Mutter verweist – *das* ist unter anderem zweifellos auch ein soziologischer und religionspsychologischer Tatbestand[35]. Aber innerhalb des Märchens ist die «Stiefmutter» eher eine metaphysische Chiffre als eine Person, und die beiden Kinder der «Frau Welt» sind gleichermaßen in sich auf eine bloße Wesenskennzeichnung hin abstrahiert, die keine weitere psychologische Ableitung mehr erlaubt; sie sind die Verkörperungen der *Prinzipien* von Faulheit und Fleiß, keine psychischen Einstellungen.

Um so mehr wird man dann allerdings jene Bemerkung über die Goldmarie und Pechmarie für wesentlich halten müssen, wonach die fleißige Stieftochter *schön,* die faule aber *häßlich* ist; ja, man wird von daher auch das Verständnis des Guten und des Bösen noch vertiefen können. Gewiß liegt es nahe, gerade in diesen Angaben einfache Stereotypien und Klischees primitiver Erzählweisen zu erblicken, und tatsächlich verhielte es sich auch so, wenn man unter Schön und Häßlich sich rein äußerliche Merkmale vorstellen müßte. Aber man wird bereits davon ausgehen können, daß das «primitive» Empfinden so unrecht nicht hat, wenn es die Eigenart des inneren Wesens auch in der Wohl- und Mißgestalt des Körpers abgebildet wähnt. Denn obwohl derartige Zusammenhänge natürlich nicht in Form einer simplen Kongruenz von Innen und Außen, von Seele und Körper zu denken sind, so ist doch auch ein anderer Lehrsatz der mittelalterlichen Philosophie sehr bedenkenswert, daß nämlich das Gute und das Schöne miteinander wesenhaft identisch seien (und folglich ebenso deren Gegenteil: das Böse und das Häßliche)[36]. Das Gute ist nach dieser Anschauung dasjenige, was mit sich selbst, mit seinem Wesen, völlig übereinstimmt und mithin in sich *wahr* ist[37]; als solches kann es auch geschlossen nach außen hin wirken, und man versteht, wieso die Aktivität, der «Fleiß», mit der inneren Gutheit und Wahrheit, mit der Einheit mit sich selbst zusammenhängt, während die «Faulheit» auf einer tieferen Ebene das Symptom innerer Selbstzerrissenheit und «Unwahrheit» darstellt[38]. Als «schön» muß nun dasjenige gelten, was sein eigenes Wesen möglichst unverfälscht und rein zur Darstellung bringt, was folglich seiner wahren Gestalt auch äußerlich am meisten entspricht; «häßlich» hingegen ist die Abweichung, die Deformation der eigenen Wesensgestalt. – Im Rahmen der Naturmythologie muß man dieser Definition zufolge das Mondmädchen häßlich nennen, weil es vom Wesen einer reinen Lichtgestalt abweicht. Eine solche Abweichung läßt es bereits in seinem Verhalten, in seiner Faulheit, erkennen; aber am Ende des Märchens verschmilzt seine Gestalt mit dieser Deformation selbst; es wird dann als Mond eine bloße Travestie der Sonne sein[39]. Das Sonnenmädchen demgegenüber verwirklicht das Wesen einer Lichtgestalt, und eben darin liegt seine Schönheit. – Man sieht, daß beide Attribute: Fleiß und Schönheit sowie Faulheit und Häßlichkeit eine untrennbare wesenhafte Einheit bilden, und keinesfalls sind sie nur nebensächliche Typisierungen der beiden Hauptgestalten des «Frau-Holle»-Märchens.

Die sonderbare Verwandtschaft des Guten und des Bösen

Im gleichen Zusammenhang muß man wohl auch noch ein wenig über das merkwürdige Familienverhältnis des Sonnenmädchens und des Mondmädchens nachdenken. Es gibt unzählige Mythen, Märchen und Legenden, die von einem Geschwisterpaar berichten, das sich voneinander unterscheidet, wie in der Bibel der haarige und dunkle Esau von dem einfallsreichen Jakob (Gen 27,11.16), oder wie die triefäugige Lea von der schönen Rachel (Gen 29,16–17)[40]. – Nicht selten handelt es sich dabei um Zwillinge, die, wie Jakob und Esau (Gen 25,24–26) oder wie Perez und Serach, die Söhne der blutschänderischen Tamar (Gen 38,27–30), sich schon im Mutterleibe um ihr Vorrecht zanken; bereits vom Ursprung her sind diese Zwillingspaare zumeist einander feindlich gesonnen. Oft ist es dabei der helle, bessere Teil, der, wie der biblische Jakob, zunächst in die Fremde verjagt wird, ehe er reich und gesegnet nach Hause zurückkehrt. Diese Verhältnisse darf man mit vollem Recht als archetypisch betrachten, und das zugrundeliegende Schema wird wiederum kaum verändert, wenn im «Frau-Holle»-Märchen statt von Geschwistern von Stiefschwestern die Rede ist; beide sind deswegen einander nicht weniger entgegengesetzt, aber an sich auch nicht weniger zusammengehörig. Dennoch wird ihr Verhältnis zueinander im Bilde der Stiefschwestern in einer ganz bestimmten Weise gefaßt.

Bereits in der Naturmythologie gelten Sonne und Mond nicht nur als unterschiedlich, sondern zugleich auch als einander ergänzend: Es muß die Nacht ebenso geben wie den Tag, und in gewissem Sinne ist es nur gut, daß der Mond nicht so hell leuchtet wie die Sonne. Auch philosophisch und religiös macht sich diese Anschauung geltend: Das Gute und das Böse bilden eine Art Wirkungseinheit, ja sie bedingen sich geradezu, indem das Gute sich eben dadurch definiert, daß es vollkommen anders ist als das Böse. Nimmt man das Verwandtschaftsverhältnis der beiden «Mädchen» im «Frau-Holle»-Märchen beim Wort, so muß man sogar davon ausgehen, daß das Böse, die Faulheit und Häßlichkeit, ursprünglicher und älter ist als das Gute; es besitzt in der Welt, wie sie ist, das eigentliche Haus- und Heimatrecht, wohingegen das Gute, Fleißige und Schöne nur eben gerade geduldet wird und froh sein muß, daß man es überhaupt am Leben läßt[41]. Zwar existiert die Welt nur durch das Gute, aber paradoxerweise hat es den Anschein, als sei das Gute in dieser Welt nur gnadenhalber als lästige Verpflichtung zugelassen und besitze für sich selber keine Rechte: Das Sonnenmädchen, die Verkörperung des Guten, ist eines unbekannten Ursprungs, die Tochter aus einer zweiten Ehe der Frau Welt. Der Daseinsraum, in dem es leben muß, ist, diesem Bild entsprechend, das etablierte Böse; und während dieses sich als legal und legitim in der Welt auffaßt, erscheint das Gute als etwas, das man nur so nebenher in Kauf nimmt, weil man halt doch nicht ganz so böse erscheinen will und vor allem, weil man die Arbeitskraft der Gutwilligen so vorzüglich ausbeuten kann.

Beide, das Gute wie das Böse, leben von daher im Hause der Frau Welt in einer Art negativer Symbiose miteinander; sie treten deshalb nicht in radikalem Kampf einander gegenüber, wie es religionsgeschichtlich erst die dualistischen Religionen des Ostens (mit ihrer Lichtmetaphysik) und besonders die monotheistische Theologie der Bibel konzipieren konnten[42]; doch gerade diese Symbiose des Guten und des Bösen ist, mindestens zunächst, weit trauriger und schmerzlicher, als es der offene Kampf zwischen beiden Prinzipien sein könnte.

Folgt man dem Symbol der «Stiefmutter» am Anfang des «Frau-Holle»-Märchens, so erscheint das Gute in dieser Welt in einer äußerst unglücklichen Lage[43]: es wird benutzt und gequält, drangsaliert und gestoßen, und es darf nicht nur auf keine Gegenliebe hoffen – es muß sich überhaupt vollkommen der Erwartung begeben, daß es auf dieser Erde so etwas wie Anerkennung und Gerechtigkeit erlangen könnte. Das Gute – so lehrt dieses Märchen – mag sich auf Erden blutig arbeiten, es wird doch stets «auf der Straße» stehen und kein wirkliches Zuhause haben; ja, wenn es seine Pflicht und Verantwortung, wie es sollte, bis zu Ende leben will, wird dieser Entschluß für es selbst das Ende bedeuten: Ein wirklich guter Mensch, jemand, der wirklich ein «Sonnenschein» sein könnte, wird in dieser Welt alles mögliche erfahren, nur nicht, daß er geschätzt und geachtet wird; er muß im Gegenteil die Erfahrung machen, daß man ihn für seine ganze Wesensart, für seine «Herkunft», für seine Andersartigkeit geradezu haßt und verstößt – bis hin zum Absturz in den Brunnen.

Die unendliche Resignation

Man kann diesen freiwilligen Sprung in den Brunnen kaum anders verstehen als eine verzweifelte Form des Gutseinwollens am Ende der Kräfte, als eine endgültige und äußerste Resignation. Das ist die bitterste Lektion, die das «Frau-Holle»-Märchen vor der Hand über die Lage des Guten in der Welt bereithält: sie ist letztendlich zum Verzweifeln. Solange das Sonnenmädchen auch nur ein wenig an der Erwartung oder der Hoffnung festhält, es möge irgendwann für seinen Fleiß zumindest doch am Leben gelassen werden, muß es sich *ge*täuscht und bitter *ent*täuscht fühlen. Seine Güte und sein Fleiß bestehen in einem bedingungslosen Gehorsam gegenüber den Pflichten, die man ihm aufträgt; aber umgekehrt erlebt es tagaus, tagein, daß auf seine eigene Person nicht die geringste Rücksicht genommen wird. Der vollendete Gehorsam, das vollendete Gute bedeuten auf Erden unausweichlich den Tod – so bitter denkt die Ouvertüre des «Frau-Holle»-Märchens über die schmählichen Aussichten auf eine Gerechtigkeit in dieser Welt.

Die philosophische Kategorie für ein solches Sterben der Hoffnung ist der Begriff der *Resignation,* wie er am klarsten von Spinoza[44] und Kierkegaard[45] verstanden wurde: als radikale Absage an jede Form irdischen Glückstrebens. Die beiden Philosophen meinten, eine solche Resignation müsse unausweichlich jeden heimsuchen, der zum Bewußtsein seines geistigen (unendlichen) Wesens gelange. Im Sinne dieser Bestimmung wirkt das «Frau-Holle»-Märchen tatsächlich wie eine Bestätigung dieser Ansicht: Das Sonnenmädchen, jeder Mensch, der nur das Gute will, muß eines Tages alle Hoffnung bezüglich der Möglichkeit irdischen Glücks fahren lassen; er muß den Gedanken vollkommen aufgeben, daß auf dieser Erde für ihn so etwas wie Gerechtigkeit zu erwarten stünde. Ein derartiger Verzicht auf alle äußere Belohnung ist in der Tat wie ein Versinken, wie ein Untergang: Die ganze Welt hört auf, noch Gegenstand irgendwelcher Erwartungen zu sein. Es ist die letzte Bilanz aus dem Zusammenstoß zwischen dem Guten und der Welt, wie sie ist – und es ist eine tödliche Bilanz. In gewissem Sinne hat das Märchen auch darin recht, daß es den Absturz als «Gehorsam» hinstellt: Die unendliche Resignation des Sonnenmädchens kommt wirklich geradezu einer Anerkennung, einer letzten Gehorsamsleistung gegenüber den taktischen Spielregeln dieser Welt gleich; das Sonnenmädchen beugt sich, indem es schließlich keinen Gedanken mehr darauf verschwendet, ob sich jemals das Gute im äußeren Sinne auf Erden lohnen könnte: Es lohnt sich nicht. – Freilich muß man einmal den Mut zur Konsequenz aufbringen, um sich dieses bittere Fazit einzugestehen.

Das Wunderbare an dem Märchen der Frau Holle liegt denn auch vor allem darin, daß das Sonnenmädchen auf seine Weise wirklich bis an die Grenze geht, daß es überhaupt die Energie zu einer solchen Verzweiflung besitzt und schließlich, daß es sich wie freiwillig in den Brunnen stürzt. Es wäre ja auch eine Form der Verzweiflung und der Resignation denkbar, die eine ganz andere Folgerung aus der wahrhaft stiefmütterlichen Behandlung des Guten in dieser Welt ziehen würde. Wenn schon das Gute keinen Ort auf Erden hat, wenn es sich also in wortwörtlichem Sinne als eine «Utopie» erweist, in dieser Welt nur gut sein zu wollen, nun, dann muß, so könnte man denken, das Gute eben Kompromisse mit dem Bösen schließen; wenn sich zeigt, wie das Gute nur ausgenutzt und in den Dienst des Bösen gestellt wird, nun, dann muß es eben im Interesse des Guten liegen, diese unerträglichen Verhältnisse zu ändern und sich seinerseits im Kampf ums Überleben des Bösen zu bedienen. Es ist eine Form der Resignation und der Verzweiflung des Guten am Bösen denkbar, die nicht am Rande der Welt in den Brunnen des Himmelsozeans hineinstürzt, sondern die gerade umgekehrt sich auf verzweifelte Weise in die Welt hineinwirft, um den Untergang im und am Irdischen zu vermeiden. Insofern bedeutet es einen außerordentlichen Vorzug, daß das Sonnenmädchen sich durch die Macht des Bösen nicht korrumpieren läßt, sondern in seiner Verzweiflung sich selber treu bleibt. Indem es in seinen Untergang einwilligt, sagt es doch nach wie vor ja zu sich selbst; das Bild von der Spindel, die in der Mythologie an das Sonnenrad und den Schicksalsfaden erinnert, ist psychologisch wie ein Symbol des eigenen Herzens, für das auf Erden kein Platz ist, aber dem man nachspringen muß, um es zu retten. Von daher verzweifelt das Sonnenmädchen zwar an der Welt, aber nicht an sich selbst. Wohl resigniert es, und es ist verzweifelt; aber in dem strengen philosophischen Sinne, daß derjenige verzweifelt ist, der in einem Mißverhältnis zu sich selber steht und nicht er selbst sein will[46], in diesem Sinne ist das Sonnenmädchen gerade nicht verzweifelt. Es will nichts anderes sein und werden, als was es seinem ganzen Wesen entsprechend ist – eben deshalb steht es in Mißverhältnis zur gesamten Welt; aber eben deshalb auch ist sein Untergang in Wahrheit nur ein neuer Anfang auf einer anderen, tieferen Ebene.

Es zeigt sich nämlich sogleich, daß der Sturz des Sonnenmädchens aus der Welt ihm eine neue Welt erschließt, und was ihm als Abgrund erscheint, führt im Gegenteil dazu, ihm überhaupt erst einen eigentlichen Grund und Boden unter die Füße zu geben. Beim Absprung in den Brunnen fühlt sich das Sonnenmädchen voller Herzensangst, und es fällt in die Tiefe wie besinnungslos; aber was sich am Tiefpunkt des Brunnens ereignet, bezeichnet das Märchen wörtlich als «Erwachen» und «Zu-sich-selber-Kommen», als Ende der Besinnungslosigkeit und Angst.

Der Begriff des «Erwachens» meint an dieser Stelle offensichtlich nichts Geringeres, als was in der buddhistischen Religion damit gemeint ist: eine neue Art, sich selbst und die Welt ringsum wahrzunehmen, die Herausbildung eines neuen Bewußtseins, die Entstehung eines völlig neuen Gefühls von Freiheit und Gehorsam[47]. H. Hesse hat im «Glasperlenspiel» einmal mit Recht bemerkt, es gehe beim «Erwachen» «nicht um die Wahrheit und die Erkenntnis, sondern um die Wirklichkeit und deren Erleben und Bestehen. Im Erwachen drang man nicht näher an den Kern der Dinge, an die Wahrheit heran, man erfaßte, vollzog oder erlitt dabei nur die Einstellung des eigenen Ich zur augenblicklichen Lage der Dinge. Man fand nicht Gesetze dabei, sondern Entschlüsse, man geriet nicht in den Mittelpunkt der Welt, aber in den Mittelpunkt der eigenen Person. Darum war auch das, was man dabei erlebte, so wenig mitteilbar... Wurde man ausnahmsweise dabei einmal ein Stück weit verstanden, dann war der Verstehende ein Mann in ähnlicher Lage, ein Mitleidender oder Miterwachender.»[48]

Das «Erwachen» des Sonnenmädchens nach dem Untergang der bisherigen Welt(einstellung) bedeutet gerade eine solche Rückbesinnung auf die eigene Person, auf die eigenen Motive und auf das, woraus es im Grunde leben will. Es hatte bisher an der trügerischen Hoffnung festgehalten, auf dieser Welt so etwas wie Belohnung oder Anerkennung für seinen Fleiß und seine Mühe erlangen zu können; diese Welt der Illusionen ist jetzt endgültig passé. Aber heißt das auch schon, daß damit alles verkehrt gewesen wäre, was es getan und gewollt hat? Mitnichten! Es heißt lediglich, daß es aufhören muß, sich selbst und sein Tun an die Zustimmung und den Beifall der anderen zu binden. Es ist aus einer Welt der Äußerlichkeit und der Menschenabhängigkeit herausgestürzt, in der es passiv und sklavisch anderen Menschen gehorchte und für die Anerkennung anderer arbeitete. Jetzt aber kann es denken, daß das, was gut ist, durch sich selber gilt, und daß es die eigentliche Bestimmung und Verpflichtung nicht dem Befehl anderer verdankt, sondern seinem eigenen Empfinden und Gespür. In gewissem Sinne ist das Sonnenmädchen in diesem Augenblick des Brunnenabsturzes vollkommen isoliert und allein; aber eben deshalb ist es zugleich vollkommen frei: Es stellt an andere keine Erwartungen mehr; ihm ist die Welt in paulinischem Sinne *«gestorben»* (Röm 6,7); eben deshalb beginnt es für sich selbst zu leben. Sich selber ist es *wiedergeboren* und zurückgegeben.

Tiefenpsychologisch und religiös läßt sich das Symbol des Brunnenschachtes und gleichermaßen das Bild des Wassers als ein Taufsymbol, als Bild des mühsamen Weges zu einem neuen Lebensanfang deuten[49], und so muß das Erwachen des Sonnenmädchens in der Tat auch im «Frau-Holle»-Märchen verstanden werden. Man sollte nicht denken, daß die Welt, in der es unterhalb des Brunnens zu sich selbst erwacht, im äußerlichen Sinne eine andere Welt ist als die, aus der es herausgefallen ist. Das «Jenseits», die «Unterwelt», in der es sich jetzt wiederfindet, ist nach wie vor die gleiche Welt, nur daß es sie mit anderen Augen sieht; es ist die Welt, wie sie erscheint, wenn man die Oberfläche verläßt und sie in ihrer hintergründigen und eigentlichen Wirklichkeit betrachtet. Unverstellt von den Erwartungen und Enttäuschungen der Menschen erscheint diese Erde dem Sonnenmädchen jetzt als eine schöne, blumenübersäte Wiese, als ein Gefilde der Seligen[50]. Dieselbe Welt, in der es kein Zuhause hatte, solange es noch auf eine äußere Gerechtigkeit und Anerkennung hoffte, tritt ihm jetzt, nach dem Tod der Äußerlichkeit, in einem freundlichen und warmen Licht entgegen. Mögen auch die Menschen schlecht und ungerecht sein – die Dinge sind es nicht; und das Sonnenmädchen beginnt von dem Moment an aufzuleben, als es mit dem

Schritt zu seiner eigenen Unabhängigkeit auch zu dieser neuen Art einer unverfälschten Empfänglichkeit gegenüber der bleibenden Güte der Dinge hinfindet. Der «Tunnel», der «Brunnen», das Dunkle dieses Weges ist überstanden, und vor dem Sonnenkind liegt eine helle Welt. Trotz all der zerbrochenen Hoffnungen, Plackereien und Enttäuschungen ist diese Welt doch wunderschön; ja man sieht diese innere Schönheit der Dinge überhaupt erst jenseits eines gewissen Übermaßes an Enttäuschungen, am Ende und am Tiefpunkt der unendlichen Resignation.

Vom paradiesischen Gehorsam gegenüber den Dingen der Welt

Will man wissen, was dieser Wechsel der «Weltanschauung» zwischen Vorder- und Hintergrund, was dieses «Erwachen» oder diese «Wiedergeburt» inhaltlich bedeuten, so antwortet das «Frau-Holle»-Märchen mit einem Motiv, das besonders in den *Paradieserzählungen* der Völker außerordentlich weit verbreitet und seiner inneren Aussage nach auch nur dort, in einer «paradiesischen» Welt, denkbar und sinnvoll ist: Das Sonnenmädchen, das seinen Erwartungen an die Menschen abgestorben ist, erfährt mit einemmal, daß die Dinge selber mit ihm ein Gespräch beginnen. Nachdem der Lärm und der Schmerz, den die menschlichen Grausamkeiten und Ungerechtigkeiten hervorriefen, allmählich verstummt sind, fangen die Dinge der Welt selbst zu sprechen an, und wenn es schon aussichtslos schien, zu erwarten, daß einem selber Gerechtigkeit widerfahre, so ist es doch möglich, von sich her den Dingen gerecht zu werden. Der unverhoffte Trost, der darin liegt, wird jetzt entscheidend.

Auch das Buch «Hiob» in der Bibel kennt im Ansatz eine solche «Therapie» gegen die Verzweiflung über die Ungerechtigkeit der Welt: In einer sehr feinfühligen Weise schildert es, wie Gott aus dem Wettersturm den klagenden und mit seinem Schicksal hadernden Hiob von sich selbst und seinem Gram ablenkt, indem er ihn auf die Schönheit, die unvergleichliche Weisheit und Ordnung der Tiere und der Sterne, der Naturgewalten und der Naturgegenstände hinweist[51]. Aber das «Frau-Holle»-Märchen geht noch einen Schritt weiter, wenn es die Dinge selber zu dem Sonnenmädchen sprechen läßt. Alle Lebewesen und Dinge tragen, entsprechend dieser menschheitlichen Vorstellung von einem Paradies am Anfang aller Welt, eine innere Botschaft und Stimme in sich, durch die sie sich an dem Konzert der Harmonie des Alls beteiligen[52]. Manche Völker, wie die nordamerikanischen Sioux, kennen sogar einzelne Gesänge, in denen die Blumen und Tiere sich ausdrücken, um der Harmonie des Ganzen zu dienen[53]. Es ist diese urzeitliche Paradieseswelt, an die der thrakische Orpheus erinnert, wenn er mit seinem Lied die Tiere und Steine zu besänftigen versteht[54], und zu der auch der Mensch der biblischen Paradieserzählung gehört, wenn er, auf der Suche nach der Gefährtin seiner Liebe, den Tieren der Flur einen Namen gibt: Nur in der Liebe und in der Harmonie des eigenen Herzens kann man die Bäume und die Tiere sprechen hören; und nur in der Harmonie des eigenen Herzens und im Zwiegespräch der Liebe ist diese Welt ein Paradies und eine Wiese voller Blumen[55].

Der französische Dichter Francis Jammes, der selbst erst durch viel Leid zum Mitleid mit der Kreatur erzogen wurde, hat diese Hörbereitschaft auf die Stimmen aller Mitgeschöpfe in seinen autobiographischen Schriften betont in den Mittelpunkt gerückt. Es ist die gleiche Erfahrung, die das «Frau-Holle»-Märchen von dem Sonnenmädchen am Ende seiner Verzweiflung berichtet, wenn F. Jammes schreibt: «Es gibt Dinge, die mich in den wehevollsten Umständen meines Lebens getröstet haben. Etliche unter ihnen zogen in solchen Zeiten auf sonderbare Art meine Blicke auf sich. Und ich, der ich mich nie vor den Menschen beugen konnte, habe mich wehmütig diesen Dingen hingegeben. Da brach ein Strahlen aus ihnen... und durchdrang mich wie ein Schauer der Freundschaft. – Ich fühlte sie und fühle sie rings um mich leben in meinem verborgenen Reich, und ich bin ihnen verantwortlich wie einem älteren Bruder.» Wie die Sprache der Dinge innerlich zu vernehmen ist, beschreibt F. Jammes an gleicher Stelle: «Gegen Ende August, um Mitternacht nach einem sehr heißen Tage, geht über die hingeknieten Dörfer ein ungewisses Raunen... Nun regt sich eine ungeheure und sanfte Welt; die Grashalme lehnen sich bis zum

Morgen aneinander, unhörbar rauscht der Tau, und mit jedem Sekundenschlag ändert das große Keimen plötzlich das Antlitz der Gefilde. Nur die Seele kann diese Seelen erfassen, den Blütenstaub in der Glückseligkeit der Baumkronen ahnen und die Rufe und das Schweigen vernehmen, darin das göttliche Unbekannte sich vollzieht. Es ist so, als ob man sich mit einem Male in einem völlig fremden Land befände und hier von der sehnsüchtigen Schwermut der Sprache ergriffen würde, ohne doch genau zu verstehen, was sie ausdrückt. – Aber ich kann doch tiefer in den Sinn des Raunens der Dinge eindringen als in den einer Menschensprache, die mir unbekannt ist. Ich fühle, daß ich verstehe und daß es dazu keiner großen Anstrengung bedarf... Ich verstehe es schon, diesem unbestimmten Raunen innerlich Antwort zu geben...»[56] Daß alle Dinge reden, wenn man nur offen dafür ist, ihre Sprache zu vernehmen – die Mythen und die Märchen aller Völker kennen diese Erfahrung der Fremdheit und des Einklangs aller Dinge, aber nur die Dichter scheinen sie noch nachvollziehen zu können.

Das «Frau-Holle»-Märchen faßt das menschheitliche, hoch poetische Motiv vom Zwiegespräch der Dinge mit den Menschen indessen noch spezieller, wenn es berichtet, wie der Backofen und der Baum dem Sonnenmädchen ihre Aufträge erteilen[57]. Die Dinge der Welt sprechen zu hören, bedeutet für das Mädchen zugleich, sich in den Dienst der Dinge zu stellen und ihnen zu «gehorchen»; es heißt, zu vernehmen, wann die Dinge «reif» und «gar» sind, um getan zu werden, und ihnen dann wie selbstverständlich zu «entsprechen». Auch dies ist Nachklang oder besser Rückbesinnung auf die Paradieseswirklichkeit der eigentlichen und ursprünglichen Bestimmung des Menschen, der vom Ursprung her die Welt, den Garten der Erde, bedienen und bewahren sollte (Gen 2,15)[58]. Aber im Märchen von der Frau Holle zeigt sich gerade an diesem Gehorsam den Dingen gegenüber zugleich auch, was sich für das Sonnenmädchen in bezug auf sein früheres Leben geändert hat. Gehorsam war das Sonnenmädchen auch im Hause der «Stiefmutter», nur: es litt unter dem Unrecht der Welt, es tat das Gute, das es wirkte, doch auch und nicht unwesentlich um der erhofften und von Rechts wegen ihm zustehenden Anerkennung willen. *Jetzt* hat sich das Motiv seines Handelns gereinigt: nicht eigener Lohn, sondern das Wohl der Dinge selber ist der Grund, weswegen es sich einsetzt; nicht für sich und sein eigenes Interesse, sondern um die Dinge der Welt entsprechend deren Anweisungen zu bedienen, handelt es jetzt. Wenn man das Bild vom «Backofen» als subjektales Symbol deutet, wird man auch sagen können: Es geht für das Sonnenmädchen selber darum, neu «gebakken» zu werden und sich zu «Brot» zu machen; es geht im Bilde des Baumes, organischer schon, um die Aufgabe, selber eine «Gestalt» anzunehmen, die anderen Nahrung gibt. Indem das Sonnenmädchen die Aufträge der Dinge versteht, begreift es nach und nach auch die Verwandlungsstufen seines eigenen Wesens, die möglichen Formen seines «Dienstes», seiner Hingabe.

Mit seinem Absturz aus dem vordergründigen Geltungsbereich der Erde, mit seinem Weggang aus dem Hause der Frau Welt ist das Sonnenmädchen mithin in eine Weltsicht eingetreten, in der allein die Ordnung der Dinge selber maßgebend ist. Seine Wiedergeburt läuft darauf hinaus, ja sie besteht darin, die Erde in ihrer Tiefenwirklichkeit als ein verborgenes Paradies wiederzuentdecken. Und gerade diese Entdeckung ist ganz und gar gebunden an eine Haltung absichtsloser Güte und eines universellen Wohlwollens gegenüber allen Kreaturen, wie sie in den Religionen der Menschheit am reinsten wiederum im Buddhismus verkündet und gelebt wurde[59]. Es ist eine Haltung, die nach der Lehre dieser großen indischen Weisheitslehre von allem Leiden erlöst, die aber selber, wie das «Frau-Holle»-Märchen zeigt, nur durch viel Leid, durch eine Art von «Tod», christlich gesprochen, zu erlernen ist. Innerhalb dieser Einstellung erscheint die Welt jetzt wirklich als ein Haus, in dem sich wohnen läßt, als ein *«kleines»* Haus, wie das «Frau-Holle»-Märchen mit Nachdruck hervorhebt, nicht etwa um die Enge und Beengtheit, sondern doch wohl im Gegenteil, um das Gefühl des «Heimeligseins» und der Geborgenheit so stark wie möglich zu betonen: Die Welt wie ein gemachtes Nest – das steht am Ende des inneren Weges, den das Sonnenmädchen auf der (Himmels-)Wiese zurücklegt[60]. Nur, auch derWeg dahin führt noch einmal durch einen Augenblick jähen Entsetzens: Das kleine Haus wird von einer Person mit übergroßen Zähnen bewohnt; es scheint im ersten Augenblick die Höhle eines weiblichen Vampirs zu sein!

Die Beruhigung der Angst und die unverhoffte Gerechtigkeit

Wir haben schon ganz allgemein gesagt, daß die Frau Holle als Erd- und Todesgöttin *auch* einen solch verzehrenden, verschlingenden, notwendig ängstigenden Charakterzug aufweisen muß; insbesondere die Göttin der Nacht wird bei vielen Völkern als ein vampirhaftes Ungeheuer oder als ein jaguarähnliches Raubtier vorgestellt[61]; und doch stellen diese fressenden, sadistischen Züge der Erdmutter nur die Kehrseite ihrer alles Leben wiedergebärenden Güte dar. Diese allgemeine Ambivalenz im Erscheinungsbild der Großen Mutter erhält an dieser Stelle von der inneren Entwicklung des «Frau-Holle»-Märchens her jedoch jetzt einen besonderen Inhalt und Charakter.

Das Sonnenmädchen, als es auf die Frau Holle trifft, hat gerade erst die Welt als ein Paradies entdecken gelernt, indem es selber sich von den äußeren Erwartungen an die Welt lossagte und zu einem inneren Gehorsam gegenüber den Dingen der Welt hinfand; es hat gerade begonnen, die Sprache der Dinge zu vernehmen und ihren Weisungen zu folgen, und darin ist es in gewissem Sinne glücklich. Aber droht damit nicht auch sofort die Gefahr, daß es ihm jetzt noch viel ärger ergeht als an der Oberflächenseite der Welt? Alle Dinge der Welt verlangen, zu ihrer Zeit bedient zu werden, und für jemanden, der ihre Sprache vernimmt, eröffnet sich dadurch ein schier unabsehbares Feld der Verantwortung; wirklich muß man in der Konsequenz einer solchen unendlichen Verantwortung fürchten, von der «Frau Holle» «verschlungen» zu werden. An die Stelle der «abstoßenden» und zurückweisenden «Stiefmutter» droht jetzt die verschlingende und grenzenlos vereinnahmende Gestalt der Großen Göttin zu treten. Zwar ist es zweifellos ein bedeutender Fortschritt, daß die Welt mit ihren Forderungen jetzt überhaupt ein menschliches Gesicht zurückerhält; aber es kann kaum anders sein, als daß dieses neue Antlitz der Welt mindestens einen Moment lang erneut die grausamen Züge des erlittenen Unrechts, der quälenden Überforderung und des unaufhaltsamen Todes in sich aufnimmt. Wiederum muß das Sonnenmädchen den Eindruck haben, als ob es auch vor der Frau Holle nur fliehen könnte.

Um so wichtiger ist, daß die Frau Holle jetzt selber das Mädchen zu beruhigen sucht. «Was fürchtest du dich, liebes Kind?» – das ist eine Frage, die von zwei Seiten her die Angst des Sonnenmädchens zu lindern sucht: Sie fordert dazu auf, gerade nicht ins Blinde hinein wegzulaufen, sondern innezuhalten, neu zu prüfen, wie es sich wirklich verhält, und dann zu überlegen, ob tatsächlich noch Grund besteht, sich derart zu ängstigen – dieser Teil der Frage appelliert an die persönlichen Fähigkeiten und Ichkräfte des Mädchens. Aber auch die Voraussetzung zu solch einem ruhigen Überprüfen und Nachdenken schafft die Frau Holle selber, indem sie das Sonnenmädchen als ihr «liebes Kind» anredet. In dieser Anrede ist alles Erforderliche auf einmal enthalten: Die Frau Holle anerkennt und glaubt an die Unschuld und Gutheit des «lieben» Sonnenmädchens; sie redet es als «Kind» an und äußert damit selber mütterliche Gefühle dem Mädchen gegenüber; und schließlich deutet sie an, daß sie von sich aus keinesfalls willens ist, dem Kinde Lasten zuzumuten, die über seine Kräfte gehen – Gott sei Dank ist die Frau Holle mithin das genaue Gegenteil der bösen Stiefmutter. Freilich: auch im Hause der Frau Holle wird das Sonnenmädchen «alle Arbeit» verrichten müssen; aber «alle Arbeit» – das heißt jetzt nicht mehr, sich die Finger blutig zu arbeiten, sondern «nur acht zu geben», daß das Bett der Frau Holle gut aufgeschüttelt wird, eine überschaubare, begrenzte und angemessene Verpflichtung also in einer Welt, die fortan in sich selbst, in ihrem Untergrund, die Gestalt und das Antlitz einer gütigen Mutter trägt. Auch der Frau Holle muß man gehorchen, doch man folgt ihr willig, weil ihre Weisungen von innen her zu einem reden und gerecht und gütig sind.

So freundlich angeredet, kann das Sonnenmädchen auf der Himmelswiese seine ursprüngliche Angst verlieren und Vertrauen zu der neuen Gestalt gewinnen, in der ihm jetzt die Welt im Bild der Frau Holle erscheint. Tatsächlich darf es jetzt erleben, daß das Gute, das es wirkt, ihm selbst zugute kommt. Auf der Rückseite der Wirklichkeit, im verborgenen Haus der Frau Holle, gibt es also doch im Sinne dieser Darstellung eine ausgleichende Gerechtigkeit, in der das Gute sich durch sich selbst belohnt findet. Die Arbeit, die das Sonnenmädchen jetzt verrichtet, stellt sich nicht mehr als grausame Ausbeutung und allmählicher Selbstverschleiß dar, sondern als etwas, das durch Anerkennung («kein böses Wort») und Bekräftigung («Gesottenes und Gebratenes») gefördert und getragen wird. Zum erstenmal hat man an dieser Stelle den Eindruck, daß sich das Gute lohnt, und zwar nunmehr, nach all den Enttäuschungen und nach der völligen Preisgabe aller irdischen Glückserwartungen, gänzlich paradox und überraschend. Aber noch überraschender ist die Wendung, die das Sonnenmädchen gerade jetzt, inmitten seines vollendet scheinenden Glücks, vollzieht.

Die Bestätigung der äußeren Realität

Jedem Leser wird es schon bei oberflächlicher Lektüre des Märchens sehr merkwürdig vorkommen, warum das Sonnenmädchen plötzlich ein solches Heimweh nach den «Seinigen» bekommt. Wie, möchte man fragen, hatten denn die «Stiefmutter» und die faule Stiefschwester mit ihrer Art, das Sonnenmädchen tagaus, tagein zu drangsalieren, nun schließlich doch das Richtige getroffen? Legt dieses Heimweh des Sonnenmädchens nicht doch erneut den Verdacht einer im Grunde masochistischen Leidensbereitschaft nahe? – Auf solche und andere irrige Fragen nebst den entsprechenden Antworten muß man verfallen, wenn man das «Frau-Holle»-Märchen vorwiegend psychologisch interpretieren wollte[62]. In Wahrheit aber sind gerade in dieser alten mythischen Erzählung die gedanklichen, die buchstäblich «weltanschaulichen» Bewegungen absolut vorrangig, und man wird auf Schritt und Tritt belehrt, daß sich die Gefühle der handelnden Personen des Märchens erst als Funktion und Niederschlag der grundlegenden *geistigen* Prozesse verstehen lassen. So auch hier. Aus der Sonnenmythologie ist bereits der *äußere* Grund bekannt, warum es das Sonnenmädchen nur vorübergehend im Hause der Frau Holle hält: Es muß nach spätestens drei Wintermonaten wieder in die sichtbare Welt zurückkehren. Auch *innerlich* besteht eine solche Notwendigkeit zur Rückkehr für das Sonnenmädchen, aber das versteht man nur, wenn man die Eigenart der «Frau-Holle»-Welt begrifflich noch etwas genauer faßt.
Das Hauptkennzeichen der «Philosophie» des «Frau-Holle»-Märchens, wie sie sich bisher dargestellt hat, liegt in der Zweiteilung der Welt in Vordergrund und Hintergrund, in äußere und innere Wirklichkeit, empirische und transzendente Realität. Wenn es eine Gerechtigkeit auf Erden geben kann und soll, so lautete die Überzeugung des Märchens bisher, dann darf man sie sich keinesfalls als eine äußere Belohnung vorstellen – äußerlich, in der sichtbaren Welt, lohnt sich das Gute eben nicht; auf einer anderen, unsichtbaren Ebene der Wirklichkeit, zu der man nur wie durch einen Tod gelangt, indem man auf die Erwartung an ein äußeres Glück völlig verzichtet, kann man jedoch eine überraschend andersartige Erfahrung machen: Das Gute, wenn es nicht mehr aus Angst, Abhängigkeit, Zwang und Unfreiheit geschieht, sondern einzig und allein, um den Dingen der Welt gut zu sein und ihnen bestmöglich zu dienen, trägt, wie man jenseits der Verzweiflung merken kann, seine Belohnung in sich selbst; im Hause der Frau Holle kann derjenige von innen her seine Geborgenheit, sein Glück und seine Stärke finden, der die Welt der Äußerlichkeit und der Oberfläche endgültig hinter sich gelassen hat.
Demnach gibt es also doch eine Gerechtigkeit, aber diese Gerechtigkeit ist nur sichtbar, wenn man die Welt in zwei verschiedenen Ebenen betrachtet; beide Ebenen widersprechen einander gerade wie Böse und Gut, wie Ungerecht und Gerecht, wie Grausam und Gütig – wie das Diesseits und Jenseits in den meisten großen Religionen der Menschheit. Nur in der verborgenen, jenseitigen Wirklichkeit ist der Mensch und die Welt so, wie sie sein sollten; in der Härte der äußeren Realität hingegen widerspricht sich alles.
Von daher wird deutlich, warum das Sonnenmädchen in die Welt der Stiefmutter zurück *muß*. Würde das «Frau-Holle»-Märchen seine Erzählung im

Hause der Großen Mutter beenden, so würde es damit einen schroffen Dualismus als letzte und endgültige Wahrheit hinnehmen und aussprechen; am Schluß des «Frau-Holle»-Märchens müßte dann der Eindruck einer unaufhebbaren Zerrissenheit bestehen bleiben, und man würde sich dann förmlich nach dem Brunnen sehnen, durch den das Sonnenkind sich aus dieser Welt der triumphierenden Häßlichkeit und Ungerechtigkeit in jene bessere Welt hat zurückziehen können. Die letzte Botschaft dieses Märchens bliebe dann trotz allem eine Art sehnsüchtiger Traurigkeit, einer in sich wohl befriedeten, aber doch auf immer der Welt gestorbenen Resignation.

Glücklicherweise endet aber das «Frau-Holle»-Märchen an dieser Stelle noch nicht, und es hat etwas zu sagen, das auch den Dualismus einer bloßen Gerechtigkeit im Jenseits überwindet. Offenbar ist das der Sinn der tiefen Sehnsucht, die das Sonnenmädchen gerade nach dieser so ungerechten und bösartigen Welt der äußeren Realität erfaßt. Die Frau Holle weiß denn auch dieses Heimweh nach der sichtbaren Wirklichkeit ganz besonders zu loben, geht es doch um nichts Geringeres als um das Verlangen, daß die Gerechtigkeit, das Gute, die im «Jenseits», in der Idealität, in der Innerlichkeit wirklich geworden sind, eben nicht als weltflüchtige Verbannte aus der äußeren Wirklichkeit vertrieben bleiben, sondern sich gerade in dieser Welt der äußeren Realität geltend machen und ihren Anspruch auf Wahrheit sinnenfällig unter Beweis stellen. Es wäre in der Tat unendlich traurig, wenn das Gute nur im Hause der Frau Holle, nur in einer paradiesischen Jenseitswelt sich am Leben erhalten könnte, hier und jetzt aber in der Welt, wie sie ist, ohnmächtig und unsichtbar bleiben müßte. Von daher kommt alles darauf an, die Probe aufs Exempel zu machen und den Schritt zurück in diese Welt zu wagen; denn allein hier und jetzt entscheidet es sich, ob das Gute nur ein schöner Traum ist oder in sich selbst eine lebbare Wirklichkeit sein kann[63].

Alles hängt mithin an der Frage, ob und wie das Sonnenmädchen in die Welt der äußeren Wirklichkeit zurückfinden kann, und darauf weiß erneut Frau Holle die Antwort mit Hilfe des Goldenen Himmelstores zu geben. Zur Belohnung der treuen Dienste des Sonnenmädchens führt sie selber das Kind in die äußere Welt zurück, indem sie es mit ewigem Gold überschüttet und ihm die verlorene Spule zurückgibt. Auf diese Weise bestätigt und vollendet sie seine eigentliche sonnenhafte Schönheit, und sie erreicht damit, daß die wahre Natur des Sonnenkindes fortan unübersehbar für alle Lebewesen, Mensch und Tier, nach außen bricht. Besonders der Hahn, der wegen seines morgendlichen Weckrufes als Künder der Sonne gilt, preist laut die wiedererscheinende goldene Pracht des Sonnenmädchens[64]. Und jetzt erobert von innen her das Gute überraschenderweise seinen Platz auch in der äußeren Realität: mit einemmal schätzen und achten alle das fleißige Sonnenmädchen; sogar die Stiefmutter und die Schwester nehmen es gut bei sich auf, und es findet in der ehedem so feindseligen Welt seine Heimat wieder. Allerdings achtet und schätzt man es dort nach wie vor nicht wegen seines inneren Reichtums, sonder «weil es so mit Gold bedeckt ankam». So eigentümlich geht es jetzt zu, daß sich das Gute eines Tages womöglich selbst in klingender Münze, in Macht, Geltung oder auch in äußerem Liebreiz auszuzahlen beginnt, und dann erweist es sich, daß sogar nach den Maßstäben einer rein vordergründigen und äußerlichen Betrachtungsweise das Gute von unermeßlichem Vorteil sein kann.

Im ganzen kann es also doch nicht auf Dauer verborgen bleiben, welche Art von Menschen in Wahrheit liebenswert und schön zu nennen ist: gewiß nicht diejenigen, denen das «Glück» ohne Verdienst oder mit Hilfe äußerst zweifelhafter Praktiken in den Schoß gefallen ist; die zwielichtigen «Kinder dieser Welt» sind alles andere als solch ein «großer Glanz von innen», wohl aber diejenigen, die sich selbst und ihrem Wesen gegen den Widerspruch der Umwelt treu geblieben sind. Liebenswert und im eigentlichen Sinne schön sind schließlich gerade diejenigen, die durch Leiden und Verzweiflung haben lernen müssen, was es heißt, als Mensch zu leben. Will man ein Bild für diese innere Gerechtigkeit der Schönheit, so ähnelt der «Goldregen», mit dem Frau Holle ihre treue Dienerin am Ende wieder in die Welt entläßt, in etwa dem Kunstgriff japanischer Perlenzüchter, die zur Gewinnung der Perlen den Austern bestimmte Fremdkörper injizieren; für die Muscheln sind diese sehr schmerzhaft, so daß sich Sekrete um sie herumlagern, die schließlich verhärten; aber gerade auf diese Weise formt sich am Ende das Wertvollste, das die Muscheln hervorzubringen vermögen: die kostbare Perle. Ebenso ist ein Mensch am Ende gerade besonders schön und wertvoll durch das, worunter und wofür er am meisten hat leiden müssen. Wie in der Bibel der leidende Hiob schließlich all seine Habe siebenfach zurückerhält, so ist auch im «Frau-Holle»-Märchen letztlich die Goldmarie gerade nach all ihrem ungerechten Leid und ihrer Verzweiflung die einzig wirklich Beneidenswerte und Glückliche[65].

Auf diese Weise existiert also doch eine Gerechtigkeit auf Erden – das ist die Quintessenz des «Frau-Holle»-Märchens. Gewiß, wenn man sich diese Aussage verdeutlicht: Man sieht diese Gerechtigkeit nicht, solange man im Äußeren verhaftet bleibt; von außen her gewahrt man vielmehr gerade das Gegenteil: das gröbste Unrecht und den selbstverständlichen Triumph der Bosheit. Aber schon, daß es Menschen gibt, die ihrer ganzen Art nach nicht davon lassen können, an der Bosheit und dem Unrecht dieser Welt zu leiden, beweist mit aller Klarheit, daß man sich nicht mit diesem negativen Eindruck einer oberflächlichen Weltbetrachtung zufrieden geben darf. Man muß schon «tiefer gehen», man muß schon den Absturz in den Brunnen wagen, um den Dingen auf den Grund zu kommen. Dann aber kann man sehen, daß das Gute in sich selbst auf Lohn und Strafe gar nicht angewiesen ist, ja daß man zuallererst die Hoffnung gänzlich fahren lassen muß, man könne für das Gute irgendeinen Lohn in dieser Welt erwarten. Erst in der resignierten Abkehr von der gesamten Äußerlichkeit dieser Welt gibt sich das Gute als ein einfacher gehorsamer Dienst an den Dingen zu erkennen; und jetzt, wo die Erwartung äußerlichen Lohns ganz in den Hintergrund getreten ist, beginnt das Gute paradoxerweise sich selbst zu belohnen, so sehr, daß es am Ende sogar in die äußerliche Welt zurückwirkt und sich in Bereichen geltend macht, in denen es ursprünglich wie ein Fremdling ausgenutzt und ausgestoßen wurde. Obwohl man mit ihr gar nicht mehr rechnen konnte, gibt es sie schließlich doch: die schwer vermißte und scheinbar ganz unmögliche Gerechtigkeit auf Erden.

Das Böse als zutiefst ohnmächtige Imitation des Guten

Allerdings ist die Gerechtigkeit, die dem Guten widerfährt, solange nicht vollständig, als nicht auch dem Bösen am Ende sein gebührender Anteil zugemessen wird. Als Gegenpart des Sonnenmädchens fungiert im «Frau-Holle»-Märchen das Mondmädchen, und sein Schicksal ist daher in gleichem Sinne als eine Art Metaphysik des Bösen zu verstehen, wie der Lebenslauf des Sonnenmädchens als die Verkörperung des wesenhaft Guten in Erscheinung tritt.

Eines hat sich bereits an der Herkunft des dunklen, häßlichen und faulen Mondmädchens gezeigt: Es ist offensichtlich die «Tochter aus erster Ehe» der «Frau Welt» – es hat auf dieser Erde so etwas wie ein angestammtes Heimatrecht, es «paßt» in diese Welt zunächst ungleich viel besser hinein als das gequälte Sonnenkind. Und dennoch zeigt eine genauere Betrachtung, daß das Böse letztlich außerstande ist, glücklich zu sein, ja daß es, seiner ganzen Art folgend, nur immer häßlicher werden kann. Die Antwort, die das «Frau-Holle»-Märchen auf die alte Menschheitsfrage nach dem scheinbaren Glück der Bösewichte gibt, läuft letztlich ganz und gar auf die Erkenntnis hinaus, die in der Bibel der Beter des Psalmes 73,18 gewinnt, als er sieht, wie flüchtig und traumhaft das hochmütige, dickwanstige und gewissenlose «Glück» der Bösen ist: «Nur auf Schlüpfriges hast Du es ihnen gestellt», sagt er zu Gott, – es müßte ein Tor sein, wer den bloßen Augenschein des Glücks des Bösen für bare Münze nähme (vgl. Ps 92,7.8). In Wahrheit hat das «Frau-Holle»-Märchen völlig recht, wenn es, vom Ende her gesehen, das Gute für das eigentlich Beneidenswerte und Glückliche, das Böse aber für das bedauerliche Opfer einer Selbsttäuschung erklärt.

Die Apokalypse des Bösen beginnt im «Frau-Holle»-Märchen mit der aufbrechenden Schönheit des Guten. Es läßt der Frau Welt keine Ruhe, daß ihr eigentliches Kind, das finstere Mondmädchen, am Ende doch nicht in dem Maße erfolgreich sein sollte wie das Sonnen-

kind, und sie müßte nicht selbst die verkörperte Äußerlichkeit und Oberflächlichkeit sein, wenn sie zu einem anderen Gedanken fähig wäre als zu der albernen Idee, es möge ihre häßliche und faule Lieblingstochter in allem einfachhin den Weg des Guten nachahmen und äußerlich kopieren.
Man kann diese Aussage des Märchens über das Böse in ihrer treffsicheren Einfachheit und entwaffnenden Schärfe gar nicht hoch genug einschätzen. Das Böse, dessen Übermacht am Anfang der Erzählung so ausweglos erdrückend schien, ist dieser Konzeption zufolge in Wahrheit vollkommen ohnmächtig und ohne eigene Kraft. Das einzige, wozu das Böse von sich aus imstande ist, besteht in einer phantasielosen Nachbildung des Guten – so wie die Philosophen des Mittelalters den Teufel als «Affen Gottes», als Zerrform des Guten, bezeichneten, als eine Selbstkarikatur, die bei dem Versuch entsteht, das Gute auf rein äußerliche Weise nachzuzeichnen[66]. Das Unglück des Bösen liegt demnach in seinem eigenen Wesen begründet: in seiner Äußerlichkeit und in dem Unvermögen, überhaupt irgendetwas von innen her aufzugreifen und mit ganzem Einsatz durchzustehen; es liegt in gewissem Sinne in der Flucht vor dem Leid, in dem Willen, sich aufzusparen, es liegt buchstäblich in einer wesenhaften Verweigerung – in seiner «Faulheit». Das Böse erweist sich dem «Frau-Holle»-Märchen zufolge als das trügerische Bemühen, auf äußerliche Weise eine Schönheit zu imitieren, die nur innerlich erworben werden kann. Das Böse ist im letzten hohl und eitel, indem es stets nur so tut «als ob» und sich scheut, den Preis zu entrichten, mit dem die Schönheit des Guten bezahlt werden muß: den Preis der Angst und der Verzweiflung, der Not und der Resignation, der Treue zu sich selbst und eines absichtslosen Gehorsams gegenüber dem, was den Dingen der Welt guttut.
Im eigentlichen ist das Böse im Bilde des Mondmädchens eine vollendete Clownerie, eine Schauspielerei, ein vorgetäuschtes Sein – eine Lüge. Es «ist» in Wahrheit überhaupt nicht, es besteht in sich selbst nur als geborgtes Dasein; es gibt sich nur den Anschein eines Daseins, indem es so tut, als sei es selbst das Gute, nur zu ermäßigten Gebühren. Mit anderen Worten: Das Böse ist im Grunde nur als die Weigerung begreifbar, überhaupt in sich selbst ein eigenes Dasein auszubilden; oder umgekehrt: es besteht ganz und gar in dem Verlangen nach hohlem Schein; es ist ein rein ästhetisches Phänomen, die blendende Verkleidung purer innerer Nichtigkeit. Auch dies gehört zur Gerechtigkeit der Frau Holle: daß schließlich das Böse sich in seiner vollendeten Häßlichkeit aller Welt zu erkennen geben muß.
Als zusammenfassendes Bild für diese Wesenskennzeichnung von Gut und Böse in Engagement und Verweigerung kann eine Geschichte gelten, die M. Buber aufgezeichnet hat.
Eine spätjüdische Erzählung überliefert, Abraham sei, weil er sich weigerte, den Götzen zu dienen, ins Feuer geworfen worden, aber darin bewahrt geblieben; sein Bruder Haran hingegen sei verbrannt. Ein chassidischer Rabbi erklärte dies so: «Abraham dachte: Ich muß selber ins Feuer, wenn ich will, daß die Götzen ins Feuer kommen; darum blieb er bewahrt. Haran aber dachte: Wenn ich sehe, daß Abraham bewahrt bleibt, will auch ich mich ausliefern; darum verbrannte er»[67].
Zwischen Ernst und Nachahmung, Innerlichkeit und Äußerlichkeit, «Fleiß» und «Faulheit», Gehorsam und Eitelkeit, Wahrheit und Lüge entscheidet sich das Glück und Unglück dieser nur im Vordergrund verkehrten Welt. «Das Gute und das Böse», meinte Georges Bernanos, «müssen ein Gleichgewicht bilden, nur der Schwerpunkt liegt tief, sehr tief. Oder, besser, das eine legt sich über das andere, ohne sich zu vermischen, wie zwei Flüssigkeiten von unterschiedlicher Dichte.»[68]

Anmerkungen

[1] Wie in einem Traum thematisieren die Märchen und Mythen in ihren Anfangsbildern den geistigen oder psychischen Konflikt, dessen Auflösung in den nachfolgenden Bildsequenzen versucht wird. Vgl. dazu vom tiefenpsychologischen Standpunkt S. FREUD: Die Traumdeutung (1900), Ges. Werke II/III 339, Frankfurt[1] 1942; C. G. JUNG: Einleitung in die religionspsychologische Problematik der Alchemie (1944), Ges. Werke XII: Psychologie und Alchemie, Olten-Freiburg 1972, 44; vom strukturalistischen Standpunkt der Mytheninterpretation vgl. C. LÉVI-STRAUSS: Anthropologie Structurale, Paris 1958; dt.: Strukturale Anthropologie; übers. v. H. Naumann, Frankfurt 1967; daraus: Die Struktur der Mythen, 247.

[2] A. ERMAN: Gespräch eines Lebensmüden mit seiner Seele, Abh. Kgl. Preuß. A. W. 1896, Faksimile-Ed.; übers. in: A. ERMAN: Die Literatur der Ägypter. Gedichte, Erzählungen und Lehrbücher aus dem 3. und 2. Jahrtausend v. Chr., Leipzig 1923, 122–130. – Ein ähnliches Problem enthalten die «Gebete eines ungerecht Verfolgten» in den Ostraka eines Lehrers, die sich im Grabe Ramses IX. befunden haben; A. Erman: a. a. O., 373–376. – Die Fragestellung selbst setzt voraus, daß das Leid und das Unrecht, das gerade dem Guten zugefügt wird, *unvermeidbar* ist; seine Problematik beginnt in gewissem Sinne erst, wenn feststeht, daß jeder Don Quijotte scheitern muß.

[3] Die *Typisierung* der Gestalten ist selbst ein Hinweis auf das Typische, Wesenhafte der Aussage. Auf der Ebene der *Märchen* genügt es zumeist, die Gegensätze und Spannungen der jeweiligen Erzählung in ihrer Psychodynamik zu verstehen und von daher auf die möglichen Ursachen der psychischen Genese zurückzuschließen. Je mehr Elemente des *Mythos* aber in einem Märchen (noch) präsent sind, desto mehr wird eine *religiös-philosophische* Auslegung des Textes notwendig. Nicht die subjektiven Gefühle der handelnden Personen sind dann der Ausgangspunkt der Deutung, sondern die Weltanschauung, die der betreffende Mythos reflektiert; s. u. Anm. 28. Die Bilder des «Frau-Holle»-Märchens sind im einzelnen an sich auch *tiefenpsychologisch* interpretierbar (s. u. Anm. 49; 57; 62); aber im ganzen ist das Märchen *nicht* als Entwicklungsgeschichte der Lebenserneuerung im Unbewußten zu verstehen. Um den Prozeß der Individuation zu beschreiben, müßte unbedingt erzählt werden, wie die rein weibliche Welt des «Frau-Holle»-Märchens durch das Auftreten des männlichen Prinzips aufgebrochen und einer Integration zugeführt wird, wie es in dem Märchen von «Schneeweißchen und Rosenrot» (KHM 161) oder der sehr verwandten Geschichte von den «Drei Männlein im Wald» (KHM 13) erzählt wird. Natürlich kann man in der *Spindel* und dem *Blut*, wiederum isoliert, das Symbol einer sexuellen Traumatisierung sehen – eine Deutung, die etwa für das Märchen von «Dornröschen» passen würde (KMH 50), die aber bei der Geschichte von «Frau Holle» auf eine Spur lenken muß, die nirgendwo weitergeführt wird. Selbst wenn man den *Hahn* am Ende der Geschichte als männliches Sexualsymbol deuten wollte, bliebe es doch dabei, daß die Geschichte bei dem Tiersymbol der männlichen Sexualität enden würde und eben nicht, wie unzählige andere Märchen, zu dem Motiv der Heiligen Hochzeit hinüberführt. – *Subjektal* können die Gestalten der beiden Mädchen an sich als Personifikation der inneren Zwiespältigkeit verstanden werden, und auch diese Deutung ist in zahlreichen anderen Märchen von zwei gegensätzlichen Geschwistern am Platze; in der «Frau-Holle»-Geschichte aber wird dieser Gegensatz gerade nicht innerlich überwunden, sondern im Gegenteil radikal verschärft. M. a. W.: Die Geschichte der «Frau Holle» ist unter dem Gesichtspunkt tiefenpsychologischer Fragestellungen nicht sinnvoll interpretierbar, während die Erzählung als eine Mythe von der grundlegenden Einrichtung der Welt in der äußeren Natur wie im menschlichen Leben eine tiefe philosophische und religiöse Weisheit zu offenbaren vermag.

[4] Sehr schön hat TH. MANN von den Mythen, Märchen und Legenden gesagt, es gehe in ihnen um die «Durchsichtigkeit des Seins», die darin bestehe, daß alles «Wahre» nur als «Rückkehr des Urgeprägten», als Wiederholung in der Zeit oder, kosmologisch, als Spiegelung des Himmlischen im Irdischen und als Umwandlung des Irdischen ins Himmlische begreifbar sei, TH. MANN: Joseph und seine Brüder, Roman in 4 Teilen, 1933–1943; 1. Gesamtausgabe: Stockholm-Amsterdam 1948; Neudruck: Frankfurt-Hamburg 1971 (Fischer Tb. 1183–1185), 435.

[5] *Sonne* und *Mond* verkörpern in zahllosen Mythen der Völker den Urgegensatz der Welt, indem sie nach Art verfeindeter Geschwister sich gegenseitig bekämpfen; zur Verbreitung der *Mythe von den feindlichen Brüdern* in *Afrika* vgl. L. FROBENIUS: Atlantis. Volksmärchen und Volksdichtungen Afrikas. Veröffentlichungen

des Forschungsinstitutes für Kulturmorphologie, München; Bd. III: Volksmärchen der Kabylen, 3. Bd.: Das Fabelhafte, Jena 1921, 327–354; für den *südamerikanischen* Bereich vgl. P. EHRENREICH: Die Mythen und Legenden der südamerikanischen Urvölker und ihre Beziehung zu denen Nordamerikas und der alten Welt, Berlin 1905; Supplement zur Zeitschr. für Ethnologie, 1905, 44–45; 51–55; 60ff.; F. KARLINGER u. E. ZACHERL (Hrsg.): Südamerikanische Indianermärchen, Düsseldorf-Köln 1976, 7–9; 25–26; Material zur Zwillingsmythe nach Art der Geschichte von *Kain und Abel* bei E. DREWERMANN: Strukturen des Bösen. Die jahwistische Urgeschichte in exegetischer, psychoanalytischer und philosophischer Sicht, 3 Bde., Paderborn[3] 1981; Bd. II 247–256; Bd. III 278–283.

[6] So ganz richtig M. E. P. KÖNIG: Die Frau im Kult der Eiszeit, in: R. Fester – M. E. P. König – D. F. Jonas – A. D. Jonas: Weib und Macht. Fünf Millionen Jahre Urgeschichte der Frau, Frankfurt 1979; Neudruck: Frankfurt 1980 (Fischer Tb. 3716), 107: «In der Unterwelt regierte Frau Holle. Der Brunnen war der Eingang zum Jenseits, und diesen Weg schlugen die beiden Mädchen ein.» E. SIECKE: Über die Bedeutung der Grimmschen Märchen für unser Volksthum, Hamburg 1896, 30–31, sah in dem Brunnen zu Recht das Weltmeer, in welchem das Lichtgestirn untergeht.

[7] *Das Tor des Ostens* erscheint z. B. in der biblischen Sonnenmythe von Samson, der nach seinem nächtlichen Liebesabenteuer bei der Dirne von Gaza um Mitternacht das Stadttor auf den Gipfel des Berges bei Hebron trägt: Ri 16,3; dahinter steht wohl die Ortsüberlieferung eines Berges bei Gaza, vgl. H. W. HERTZBERG: Die Bücher Josua, Richter, Ruth, ATD 9, Göttingen[2] 1959, 233.

[8] Das *Spinnen* und die *Spindel* wird zumeist mit der Mondgöttin in Verbindung gebracht; vgl. L. FROBENIUS: Das Zeitalter des Sonnengottes, Berlin 1904, 353–355; aber die Motive sind natürlich auch der Sonne zuzuschreiben. Das Motiv taucht in ähnlicher Form in dem Märchen vom «Rumpelstilzchen» (KHM 55) auf, wo die Müllerstochter unter Androhung der Todesstrafe drei Nächte lang eine Kammer voll Stroh zu Gold spinnen muß; es ist dies die klassische Aufgabe des Mondes, der in den drei Tagen des Neumondes, wenn er am Leben bleiben will, in den verborgenen Kammern des Himmels seinen Goldglanz erarbeiten muß. E. SIECKE: Über die Bedeutung der Grimmschen Märchen für unser Volksthum, 30–31, meinte, die Mondscheibe sei der Spinnrocken, und erinnerte an die Gestalt der *Brunhild* in der Heldensage, die in goldenen Geweben die Großtaten Sigurds darzustellen versteht und nach ihrem Tod auf einem Wagen, bedeckt mit kostbaren Geweben, verbrannt wird; F. GENZMER: Edda, 1. Bd.: Heldendichtung, eingel. v. A. Heusler u. F. Genzmer, Düsseldorf-Köln 1963, 106. – In der germanischen Mythologie gilt besonders die Himmelskönigin *Frigg* (oder Freya), die Gattin des Himmelsgottes Odin (Wotan) – deren Nebengestalt die Frau Holle ist –, als eine große Spinnerin. In ihrem Prunksaal *Fensalir* (Meersaal) sitzt sie an einem goldenen Spinnrocken und spinnt seidenweiches Garn, das sie an fleißige Frauen verschenkt. «Es nimmt kein Ende, wenn es die Weberin auf den Webstuhl bringt... Der Rocken der Göttin wird nächtlich den Erdbewohnern sichtbar; denn es ist jener glänzende Sternenstreif, der im gläubigen Altertum Friggsrocken hieß, den aber die unkundigen Menschen unserer Zeit den Gürtel des Orion nennen. Bei der Göttin wohnen auch ihre Freundinnen und Dienerinnen, mit denen sie ihre Entschließungen und die Schicksale der Menschen unter dem Mondessaale berät.» W. WÄGNER: Nordisch-germanische Götter- und Heldensagen, Naunhof 1934, 104–105.

[9] Der Flachs, das Stroh, das Gold, alles Gewebematerial ist dementsprechend das Mondlicht bzw. der Strahl des Lichtgestirns; E. SIECKE: Über die Bedeutung der Grimmschen Märchen für unser Volksthum, 30. Das Gewand ist entweder selbst mit dem Goldglanz des Lichtgestirns identisch, oder es verhüllt die wahre Schönheit des Lichtwesens und muß verbrannt werden, damit das Gestirn seine eigentliche Gestalt zurückerhalten kann, wie in dem Märchen vom «Eselein» (KHM 144); vgl. zum *Motiv des Gewandverbrennens* L. FROBENIUS: Das Zeitalter des Sonnengottes, 349–350.

[10] L. FROBENIUS: Das Zeitalter des Sonnengottes, 214–215, weist auf die polynesische Geschichte von *Maui* hin, der die Walfischerde, ähnlich der germanischen *Ymir*-Mythe, an einem Haken hervorzuholen versucht, den er mit dem eigenen Blut bestreichen muß; vgl. P. HAMBRUCH (Hrsg.): Südsee-Märchen, Düsseldorf-Köln 1979, mit einem Nachw. von B. Scheer, 218; Frobenius meinte, das Blut sei «eine Parallele zur Glut des die Nacht zerteilenden Sonnenaufgangs»; umgekehrt gilt dieselbe Vorstellung demgemäß für den Sonnenuntergang. – Welch einen Eindruck *der blutig-rote Himmel* beim Untergang der Sonne auf sensible Menschen noch heute hinterlassen kann, bezeugt die kurze Notiz, die EDVARD MUNCH seinem Werk «Der Schrei» von 1893 auf der Rückseite einer Lithographie von 1895 gewidmet hat; er beschreibt dort die Entstehungsgeschichte seines wohl größten Meisterwerkes mit den Worten: «Ich spazierte mit zwei Freunden die Straße entlang – die Sonne ging unter, der Himmel färbte sich blutrot – und ein Hauch von Melancholie befiel mich. Ich blieb stehen, stützte mich zu Tode erschöpft auf das Geländer; über der Stadt und dem schwärzlich-blauen Fjord schwebten Wolken wie Blut und Feuerzungen: meine Freunde setzten ihren Weg fort – ich aber stand wie angewurzelt, zitternd vor Angst. Mir war es, als hörte ich den ungeheueren, unendlichen Schrei der Natur.» J. SELZ: E. Munch; aus dem Franz. übers. v. S. Ibach, München 1974, 6; Abb. S. 29; vgl. W. TIMM: Edvard Munch. Graphik, Berlin-O. 1969, S. 40–41; Abb. 28. – In der ägyptischen Mythologie ist die Himmelsgöttin *Nut* sowohl die Mutter wie die Tochter des Sonnengottes Re (s. u. Anm. 24); das Blut, das die Göttin an jedem Morgen bei der Geburt des Chepre, der Morgengestalt der Sonne, vergießt, färbt nach ägyptischer Auffassung in der Morgendämmerung den Himmel rot; V. IONS: Egyptian Mythology, London 1968; dt.: Ägyptische Mythologie; übers. v. J. Schlechta, Wiesbaden 1968, 47; s. u. Anm. 24.

[11] So die Vermutung von E. SIECKE: Über die Bedeutung der Grimmschen Märchen für unser Volksthum, 31.

[12] Daß die einzelnen Werke der Goldmarie *die*

Jahreszeiten bedeuten, zeigt sehr schön das *makedonische* Märchen *«Das Mädchen und die zwölf Monate»,* das der Grimmschen «Frau Holle» bis in die einzelnen Motive hinein völlig gleicht: Eine Frau hat zwei Töchter, deren eine kränklich und blaß, deren andere, ihre Stieftochter, indessen gesund und kräftig ist. Am liebsten hätte sie ihre Stieftochter ertränken mögen, doch schickt sie diese schließlich voller Heimtücke zum Wasserholen an einen Brunnen in der Nähe eines verzauberten Baumes, in der Erwartung, die bösen Geister würden sie holen und zerreißen. An Fuße des Brunnens aber sitzen elf Männer und eine alte Frau, nämlich die Großmutter März und die anderen elf Monate. Die Großmutter, als sie die Klagen und die Angst des Kindes wahrnimmt, entgegnet: «Wo Gewalt ist, gibt es kein Recht», und sie legt dem Mädchen die Frage vor, welches die besseren und welches die schlechteren Monate im Jahr seien. Das Kind antwortet: «Alle Monate im Jahr sind gleich gut und schön; es gibt gar keinen schlechten Monat.» Für diese Antwort segnet die Großmutter das Kind und schenkt ihm von Gott die Gabe, daß für jedes Wort, das es spricht, ihm ein Goldtaler aus dem Munde fällt. Die Stiefmutter, um ihrer kränklichen Tochter ein gleiches Glück zu verschaffen, schickt auch diese zum Brunnen; aber ihre Antwort auf die nämliche Frage lautet, der Januar und Februar seien entschieden die schlechtesten Monate, und auch Großmutter März sei unbeständig und voller Launen; auch die anderen, erklärt sie, «sind nicht viel besser; doch was kann man da schon machen?! Wir sind ihnen ausgeliefert, und sie machen mit uns, was sie wollen». Für diese undankbare, schwarzseherische und in der Tat «kranke» Antwort wird dieses Mädchen mit der Gabe «gesegnet», daß ihm bei jedem Wort eine Schlange aus dem Munde fährt. W. ESCHKER (Übers.): Mazedonische Volksmärchen, Düsseldorf-Köln, 1972, 62–65. – Diese Variante des «Frau-Holle»-Märchens weiß also sehr wohl um die Beziehung, welche die zwei «Töchter» zum Jahreskreis unterhalten. Ähnliches gilt von dem verwandten Grimmschen Märchen «Die drei Männlein im Walde» (KHM 13), wo das Motiv von der schönen und guten Tochter und ihrer faulen und widerlichen Schwester im Hause einer bösen Stiefmutter gleichermaßen auf ein «Goldreden» zur Belohnung und ein «Krötenreden» zur Strafe für getane bzw. versäumte Dienste in der Winterszeit hinausläuft; die Fortsetzung des Märchens dann entspricht dem Grimmschen Märchen «Die weiße und die schwarze Braut» (KHM 135), das an Motive der Mondmythologie erinnert; E. SIECKE: Die Liebesgeschichte des Himmels. Untersuchungen zur indogermanischen Sagenkunde, Straßburg 1892, 3; s. u. Anm. 16.

[13] L. FROBENIUS: Das Zeitalter des Sonnengottes, 202, sprach demgemäß von «Sonnenwendmythen». Aber die Mythen schildern nicht bloß das Phänomen der Sonnenwende, sie begründen es vor allem durch ein erstmaliges Ereignis. Von daher schildern sie in einem einzelnen Geschehen die Struktur der bestehenden Welteinrichtung. Ihre Erzählungen sind eine symbolische Metaphysik, und so, als Wesensbeschreibungen der Wirklichkeit, müssen sie auch interpretiert werden.

[14] Die kürzeste und wohl älteste schriftlich erhaltene Formel für das Weltbild des «Frau-Holle»-Märchens enthält das Fr. 122 des *Empedokles:* «Da waren die Erdfrau und die weitschauende Sonnenblickfrau, die blutige Zwietracht und die ernst blickende Eintracht, Frau Schön und Frau Häßlich, Frau Hurtig und Frau Spät, die liebreiche Wahrhaftigkeit und die schwarzaugige (?) Verworrenheit.» H. DIELS: Die Fragmente der Vorsokratiker. Nach der von W. Kranz hrsg. 8. Aufl., mit Einf. u. Bibliogr. v. G. Plamböck, Hamburg (rk 10) 1957, 69. Bemerkenswert ist, daß auch bei Empedokles der Gegensatz beider Frauengestalten als häßlich und schön, hurtig und spät (= fleißig und faul) beschrieben wird. Die «Erdfrau» in ihrer dunklen Gestalt ist von alters her mit dem Mond verwandt bzw. damit identisch.

[15] I. GOLDZIHER: Der Mythos bei den Hebräern und seine geschichtliche Entwicklung. Untersuchungen zur Mythologie und Religionswissenschaft, Leipzig 1876, 51–54, meinte, ursprünglich habe der Mythos nicht in den Kategorien der Zeit, sondern des Raumes und des Augenscheins gedacht, und so habe er nicht nach Tag und Nacht, Sommer und Winter unterschieden, sondern nach Hell und Dunkel, so daß derart unterschiedliche Phänomene wie Regen, Gewitter, Dunkelheit, Nacht, Winter und deren Gegensätze in ein und derselben Gestalt verkörpert werden konnten.

[16] Selbst *der Gegensatz des hellen und des dunklen Mädchens* als Verkörperungen von Sonne und Mond dürfte bereits aus einer früheren Schicht des Mythos abgeleitet sein, wonach das helle und das dunkle Mädchen die zwei Seiten des hellen und dunklen Mondes verkörpern. So scheint im «Frau-Holle»-Märchen das Spinnen am Brunnen von der Mondmythologie auf die Sonne übertragen worden zu sein (s. o. Anm. 8), während die Arbeit an den Jahreszeiten zweifellos der Sonne zuzuschreiben ist. E. SIECKE, der bekannteste und systematischste Vertreter der alten mondmythologischen Schule, räumte beides ein; in: Über die Bedeutung der Grimmschen Märchen für unser Volksthum, 31, hielt er die zwei Schwestern des «Frau-Holle»-Märchens für Verkörperungen von Vollmond und Neumond, gab aber zu (a. a. O., S. 32), daß aus dem Zwillingspaar der beiden Mondgeschwister auch Sonne und Mond werden können; DERS.: Die Liebesgeschichte des Himmels, 23; DERS.: Drachenkämpfe. Untersuchungen zur indogermanischen Sagenkunde, Leipzig 1907; Mytholog. Bibl., hrsg. v. d. Gesellsch. f. vergl. Mythenforschung, 1. Bd., Heft 1, 35; 69; 72; 80. – Die *griechische* Mythologie kennt z. B. für die Mutter des Licht- und Heilgottes *Asklepios* die Namen *Aigle* (die Lichte) und *Koronis* (die Krähe, die Schwarzhaarige also), Namen, die deutlich auf die zwei Gestalten des Mondes verweisen; K. KERÉNYI: Der göttliche Arzt. Studien über Asklepios und seine Kultstätten, 30–31; 93. – In der *Bibel* verrät die Geschichte von *Rachel und Lea,* der schönen und der mattäugigen Tochter Labans in Gen 29,16–20, noch einen Nachhall dieses offenbar sehr alten Weltbildes. I. GOLDZIHER: Der Mythos bei den Hebräern und seine geschichtliche Entwicklung, 186–188, sah in Lea zwar die untergehende Sonne, die Nacht, und in Rachel (hebr. «das Schäfchen») den regenbringenden Wolkenhimmel; aber so wird das nachfolgende Motiv der «vertauschten Braut» (Gen

29,21–27) nicht verständlich, das unzweifelhaft der unglückseligen «Liebesgeschichte des Himmels» zwischen dem Sonnenbräutigam (Jakob) und der Mondgöttin in ihrer hellen und dunklen Gestalt zugehört. Vgl. E. SIECKE: Die Liebesgeschichte des Himmels, 3; vgl. E. DREWERMANN – I. NEUHAUS: Das Mädchen ohne Hände (Reihe: Grimms Märchen tiefenpsychologisch gedeutet), Olten-Freiburg 1981, Anm. 1 – Im Prinzip richtig dürfte, wenigstens im altorientalischen Kulturraum, die Vorstellung sein, wonach der Kult des Mondes dem älteren Nomadentum zuzurechnen ist, während die Verehrung der Sonne mit der späteren Ackerbaukultur verbunden ist; I. GOLDZIHER: Der Mythos bei den Hebräern, 68; 72; 87–88. Während bei den Kleinviehnomaden der Mond, der Regen, die Nacht als gütige Wesen verehrt wurden, galt ihnen die Sonne, die Hitze, der Tag als feindlich und böse. Vgl. H. WINCKLER: Die babylonische Weltschöpfung, in: Der Alte Orient. Gemeinverständliche Darstellungen, hrsg. v. d. Vorderasiatischen Gesellschaft; 8. Jg., Heft 1; Leipzig 1906, 10. Erst die Ackerbaukultur dürfte sich von der Wirkung der Sonne eine freundlichere Vorstellung gemacht haben; vgl. L. FROBENIUS: Das Zeitalter des Sonnengottes, 13–14.

[17] Zahlreichen Sagen zufolge wohnt *die Göttin Hulda oder Berchta* in «unterirdischen Räumen, in Bergen, in der Tiefe von Brunnen und Quellen», wo sie Scharen von kleinen Kindern behütet; W. WÄGNER: Nordisch-germanische Götter- und Heldensagen, 79. Zur Kennzeichnung der Frau Holle auf dem hessischen Meißner vgl. BRÜDER GRIMM: Deutsche Sagen, 2 Bde., [1]1816, 1818; [3]1891; Neudruck: Zürich (Transitbooks) 1974; Stuttgart (Parkland) o. J., Nr. 4, 5, 6, 7, 8, S. 35–38; zur Parallelgestalt der Frau Berta in Böhmen und Bayern, der Perchta oder der Göttin und Erdmutter Hertha bei den germanischen Avionen, Angeln u. a. vgl. a. a. O., Nr. 268–269, S. 267–268; Nr. 365, S. 341–342. «In Deutschland wird Hulda schon im 10. Jahrhundert genannt, und die Phantasie des Volkes dachte sich dieselbe als eine hohe Frau von wunderbarer Schönheit in weißem, wallendem Gewand mit goldenem Gürtel. Ein mit silbernen Sternen gestickter Schleier umhüllt ihr goldenes Haar und fällt auf die Schulter und Rücken herab, doch ragt am Scheitel eine wirre Locke darüber hervor. In dieser reizenden Gestalt erscheint sie durch alle Jahrhunderte... Man erkennt unschwer in ihr die Himmelskönigin Frea oder die nordische Freya, die Göttin der Schönheit, während der emporgesträubte Haarbüschel anzeigt, daß sie auch im Sturme dahinfahre»; W. WÄGNER: a. a. O., 115. Der «Frau Holle» waren zugleich die Gerichtsstätten heilig, denn wie es das Märchen beschreibt, gilt sie als *Königin der Gerechtigkeit.* «Oft wandelt ihre leuchtende Gestalt mit einem Gefolge göttlicher Jungfrauen nachts bei Vollmondschein oder auch am Tage durch die ländlichen Fluren, zieht Furchen mit ihrer Spindel und bezeichnet und heiligt damit die Grenzen, die kein Frevel zu verletzen wagt. Unter den Bäumen ist ihr besonders die Linde geweiht, weshalb wohl im Mittelalter die Gerichte im Schatten dieses Baumes gehalten wurden»; a. a. O., 115. Auch das *Spinnen* gilt als eine der Göttin Hulda zugeschriebene Tätigkeit; a. a. O., 115. «In Thüringen erzählt man noch den Kindern, wie die gute ‹Holla› oder ‹Berchta› jeden Dienst vergelte, ähnlich wie die in der Uckermark wandernde Frau ‹Harke›, die nachsieht, ob die Mägde ihren Flachs fein säuberlich gesponnen haben»; a. a. O., 461. Es handelt sich dabei um Volksbräuche der *Wintersonnenwende,* so wie in Zürich der 2. Januar früher als «Brechtentag – oder Berchtoldsfest» galt. – Als *Erdmutter* ist Frau Holle «Spenderin des Werdens, des entstehenden Lebens... Da ist sie eine würdige Matrone, bald sitzend auf reich geschmücktem Lehnstuhl, bald lustwandelnd in Haus und Garten, und immer umgeben von Scharen ungeborener oder früh verstorbener Kinder, die sie wartet und mütterlich pflegt. Sie wohnt in der Tiefe, unter Brunnen, Teichen und Seen; denn das irdische Leben bedarf in seinem Entstehen und Blühen der Erde und des Wassers»; a. a. O., 115–116. – In der *christlichen Volksüberlieferung* geht die Gestalt der Großen Göttin in der Person der Jungfrau und Himmelskönigin Maria auf; vgl. E. DREWERMANN: Strukturen des Bösen, Bd. 3, S. 45–46; Abb. 16. – Ein Märchen aus der Schweiz z. B., das dem «Frau Holle»-Märchen in wesentlichen Punkten parallel ist, erzählt, wie die zwei unterschiedlichen Mädchen am Fuße des Brunnens von Petrus empfangen und dann zu einer guten alten Frau geführt werden – «Es war die Madonna»; R. WILDHABER u. L. UFFER (Hrsg.): Schweizer Volksmärchen, Düsseldorf-Köln 1978, 239–242: «Das gute und das böse Mädchen». Vgl. W. WÄGNER: a. a. O., 116.

[18] Der nordische *Wintergott* ist *Uller* oder *Holler,* der auch über das Totenreich herrscht und die Seelen der Gestorbenen aufnimmt. Er erinnert an die Frau Holle, als deren Gemahl er wohl verehrt wurde. Sein Symbol war der Ring, bei dem der Eid geschworen wurde. In der Edda besitzt Uller nicht eigentlich eine schreckerregende Gestalt, sondern er fährt dort «unbekümmert um Sturm und Schneegestöber, auf Schnee und Schlittschuhen» einher. Als Wohnort des Gottes gilt der *Palast Ydalir,* d. h. Eigentäler; W. WÄGNER: Nordisch-germanische Götter- und Heldensagen, 183.

[19] Diese Vorstellung ist aus den Quellen der germanischen Mythologie nicht unmittelbar zu belegen, sie ergibt sich aber folgerichtig aus der beherrschenden Gestalt der Himmelskönigin. Insbesondere verdient die Tatsache Beachtung, daß das gesamte «Frau-Holle»-Märchen ausschließlich weibliche Akteure kennt; es lebt ganz und gar im Bannkreis der Großen Mutter. Selbst der *Name der Frau «Holle»* scheint sprachgeschichtlich in älteste Vorzeit zurückzureichen und von der Urprägung *kall* abgeleitet zu sein; «kall ist jede Vertiefung, jeder Hohlraum, jede Wölbung, jeder enge Durchlaß, ist Schale, Kehle, Höhle, Wohnstatt, Kulthöhle, Quell... Vor allem aber der mütterliche Leib, die Geburt, das Kind, die Sippe...» R. FESTER: Das Protokoll der Sprache, in: R. Fester – M. E. P. König – D. F. Jonas – A. D. Jonas: Weib und Macht (s. o. Anm. 6), 80. *«Holle»* bezeichnet demnach ursprünglich den gesamten Bereich des Weiblichen, mithin den Ursprung allen Lebens; s. u. Anm. 27.

[20] Bereits das «Spinnen» (s. o. Anm. 8) ist – neben seiner Lichtbedeutung – ein Hinweis auf *das Weben des Schicksals* in Leben und Tod. Frau Holle ist die Schicksalsfrau schlechthin; K. PAETOW: Volkssagen und Märchen um Frau Hol-

le, Hannover 1962, 134; von ihr geht nicht nur das Leben, sondern auch der Tod aus, und der Gestalt der Großen Göttin eignet daher in allen Religionen eine gewisse Ambivalenz, wie sie die *indische* Mythologie in der Doppelgestalt der *Parvati,* der lieblichen Gattin des Schöpfergottes Shiva, und der menschenfressenden und blutrünstigen Durga-Kali dargestellt hat; H. ZIMMER: Myths and Symbols in Indian Art and Civilization, New York; dt.: Indische Mythen und Symbole; übers. v. E. W. Eschmann, Düsseldorf-Köln 1972, 196; 219–221; auch die *ägyptische Isis* ist beides: Zeugerin des Lebens und Herrin des Totenreiches; vgl. E. DREWERMANN: Strukturen des Bösen, Bd. 3, Abb. 5. *Holda* ist insofern die lichte Seite der dunklen germanischen Göttin *Hel;* W. WÄGNER: Nordisch-germanische Götter- und Heldensagen, 223; M. MAGNUSSON: Hammer of the North, London 1976; dt.: Der Hammer des Nordens. Mythen, Sagas und Heldenlieder der Wikinger; übers. v. U. Stadler; Freiburg-Basel-Wien, 96–97. – In ihrer Wildheit ist Holle eine *Jägerin* (Jagd = Tod); sie «nimmt das Leben, das sie als Kinderfrau gibt, wieder zu sich auf; denn Geburt und Grab, Entstehen und Vergehen, Aufblühen und Welken sind nach dem tiefen Sinn der Mythe nur durch eine Spanne Zeit getrennt.» W. WÄGNER: a. a. O., 117. – Als Herrin über Leben und Tod tritt die Große Göttin von alters her in enge Beziehung zum Mond, dessen Kommen und Gehen schon von den Menschen der Steinzeit mit dem Zyklus der Frau identifiziert wurde; M. E. P. KÖNIG: Die Frau im Kult der Eiszeit (s. o. Anm. 6), 117–120. – Der dunkle Aspekt der Frau Holle, den V. WASCHNITIUS (Percht, Holda und verwandte Gestalten. Sitzungsbericht d. kaiserl. Akad. d. Wiss., Wien 1914, Bd. 174) als ursprünglich herausarbeiten wollte, ist im Grunde nur die halbe Wahrheit dieser das ganze Leben in seiner Gegensätzlichkeit umfassenden Gestalt. – Es ist zu bedenken, daß es sich bei dieser weltweit verbreiteten Vorstellung der Großen Göttin völlig unabhängig von geschichtlicher Tradition und Migration um einen archetypischen Gedanken handelt, um einen «Völkergedanken» im Sinne des Ethnologen A. BASTIAN: Das Beständige in den Menschenrassen und die Spielweise ihrer Veränderlichkeit, Berlin 1868, 78: «Wo keine geschichtliche Übertragung von Mythen nachweisbar ist, muß die Gleichartigkeit auf das organische Wachsthumsgesetz des Geistes zurückgeführt werden, der überall die entsprechenden Productionen hervortreiben wird, entsprechend und ähnlich, aber mannichfaltig nach dem Einflusse der Umgebung gewandelt.» – Von daher verwundert es nicht, daß man ein besonders prächtiges Bild der Großen Mutter u. a. in der mesoamerikanischen Bilderhandschrift des *Codex Borbonicus* findet, wo auf p. 13 die Göttin *Ixcuina (Tlazoltéotl)* dargestellt ist: Sie trägt einen rot-schwarzen mit Mondsicheln übersäten Rock und verkörpert somit selbst die helle und dunkle Mondseite; überzogen ist sie mit Menschenhaut, die am Mund von Würmern zerfressen ist. Im Extrem symbolisiert sie also den Tod, der aber als Häutung (des Mondes, der Erde) verstanden wird und im Grunde nur ein Moment im Kreislauf des ewigen Stirb und Werde darstellt. Auf ihrem Haupt trägt die Göttin einen hohen Baumwollschmuck. Ein Kind (die Maispflanze) geht von rechts oben, durch Fußspuren markiert, in sie ein und verläßt sie, aus ihrem Schoß kommend, wieder; dieses Kind trägt den gleichen Kopfschmuck wie die Göttin selbst, wohl zum Zeichen dafür, daß die Göttin sich in der Geburt ihres Kindes selbst von neuem gebiert, K. A. NOWOTNY (Komm.): Codex Borbonicus. Bibliothèque de l'assemblée nationale – Paris (Y 120). Vollständige Faksimile Ausgabe, Graz 1974, 17; E. SELER: Codex Vaticanus Nr. 3773 (Codex Vaticanus B). Eine altamerikanische Bilderschrift der Vatikanischen Bibliothek, Berlin 1902, 262–265. – Zu dem Doppelcharakter des Weiblichen vgl. E. DREWERMANN: Strukturen des Bösen, Bd. 3, Abb. 1; 2; 3; J. J. BACHOFEN: Das Mutterrecht. Eine Untersuchung über die Gynaikokratie der Alten Welt nach ihrer religiösen und rechtlichen Natur, [1]1861; Neudruck: Basel 1948, hrsg. v. K. Meuli, 194–199.

[21] Als *Erdmutter* hat Frau Holle die Aufgabe, «wenn der segnende Sommergott Odin während des Winters im Berge schläft, das Leben der Natur» zu erhalten. – Nach einer Sage ist Frau Holle z. B. mit Kaiser Friedrich in den Kyffhäuser gegangen und sorgt daselbst als seine Schaffnerin für Speise und Trank der Helden, für die Fütterung der Pferde, überhaupt für den ganzen Haushalt; W. WÄGNER: Nordisch-germanische Götter- und Heldensagen, 116. – Auch die Auffassung von der *Speise, die die Sonne benötigt,* ist archetypisch. Die mittelamerikanischen *Azteken* und *Maya* z. B. glaubten, daß die Sonne des Morgens in ihrer Entkräftung sich von den Herzen geopferter Kriegsgefangener ernähren müsse, um die Last des neuen Tages tragen zu können; W. KRICKEBERG: Altmexikanische Kulturen; im Anhang: G. KUTSCHER: Zur Kunst Altmexikos, Berlin 1975, 220–242; K. HELFRICH: Menschenopfer und Tötungsrituale im Kult der Maya, Berlin 1973, Monumenta Americana, hrsg. v. ibero-amerik. Institut preuss. Kulturbesitz, Bd. IX, 119–125. – Das Gegenstück zu der Speise, derer die Sonne zu ihrem Unterhalt bedarf, ist die Speise, die sie den Menschen nach Art der *wunderbaren Brotvermehrung* (Mk 6,30–44; 8,1–10) oder des *reichen Fischfangs* (Lk 5,1–8) spendet: «Der Sonnengott gibt... unerschöpfliche Speise. Wir finden das in allen älteren Mythologien. Es ist gleichgültig, ob mit einem Kalbe tausend Menschen genährt werden oder mit ein paar Fischen zehntausend – es bleibt immer noch so viel übrig, als im Anfang gegeben war.» L. FROBENIUS: Das Zeitalter des Sonnengottes, 233. – Davon zu unterscheiden ist *die Speise des Totenreiches,* deren Genuß ewige Gefangenschaft in der Unterwelt zur Folge hat, wie in der Mythe der Persephone; K. KERÉNYI: Die Mythologie der Griechen; Bd. 1: Die Götter- und Menschheitsgeschichten; Bd. 2: Die Heroengeschichten, München (dtv 1345, 1346) 1966; I 189.

[22] Das Motiv dürfte drei verschiedenen Ursprüngen entstammen. Zum einen ist die Erdmutter als *Todesgöttin* in sich selbst verschlingend. Mit dieser Vorstellung geht sodann aufs engste die mythische Ansicht einher, daß die Erdmutter oder *das Ungeheuer des Westmeeres* oder ein fressendes Landraubtier, wie der Fenriswolf, die Sonne verschluckt; vgl. dazu das reichhaltige Material bei L. FROBENIUS: Das Zeitalter des Sonnengottes, 223–263. Ein dritter Grund für die Verschlingungsmythe dürfte darin liegen,

daß die Große Mutter, die Urfrau, als *Herrin der Tiere* vorgestellt wurde. *Pandora* (Allgabe) z.B., die Urfrau der althellenischen Mythologie, erhält von der Göttin Athene einen Goldreif mit der Darstellung wilder Tiere: HESIOD: Theogonie 575–585, in: W. MARG: Hesiod. Sämtliche Gedichte. Theogonie, Erga, Frauenkataloge; übers. u. erl. v. W. Marg, Zürich-Stuttgart 1970, 58–59. Als Herrin der Tiere kann die Große Mutter auch in einzelnen Tieren, bes. in der Gestalt des *Bären,* erscheinen. In einer Variante des «Frau-Holle»-Märchens, in der Geschichte *«Von zwei Mädchen, die Feuer holen gingen»,* wird denn auch berichtet, daß die Kinder jeweils einen großen Bären an einem Feuer treffen, der ihnen einen Feuerbrand nur dann überläßt, wenn sie ihn lausen; die Kinder nehmen ihm, als er einschläft, einen Ring ab und kommen der Reihe nach zu einem Birnbaum, Pflaumenbaum und einem Backofen, die sie bedienen müssen; während die faule Tochter von dem Bären zerrissen wird, weil die Bäume und der Backofen dem Untier den Fluchtweg des Kindes verraten, schützen sie die fleißige Tochter, und als der Bär von den Birnen, Pflaumen und dem Kuchen im Backofen gegessen hat, zerplatzt er vor Überfülle; E. MOSER-RATH (Hrsg.): Deutsche Volksmärchen. Neue Folge, Düsseldorf-Köln 1966, 184–186. – Offenbar wirken hier noch eiszeitliche Motive des *Bärenkultes* und das Motiv der *Feuerraubmythe* nach. – Von der prähistorischen Verbindung der Verehrung der Großen Mutter und des Bärenkultes legen noch heute Erzählungen arktischer und sibirischer Jägervölker Zeugnis ab; vgl. die ostjakische Mythe von der Mos-Frau in: J. GULYA (Hrsg.): Sibirische Märchen, 1. Bd.: Wogulen und Ostjaken; übers. aus dem Ungarischen v. R. Futaky, Düsseldorf-Köln 1968, 26–36; E. DREWERMANN: Strukturen des Bösen, Bd. 2, 198–201; zur Vorstellung wilder Weiber als Werwölfen und Hexen vgl. H. P. DUERR: Traumzeit. Über die Grenze zwischen Wildnis und Zivilisation, Frankfurt 1978, 47–55.

[23] So stellten z.B. die *Azteken* die Erdmutter in einer besonders ausdrucksvollen Symbolik als eine *Erdkröte* dar, die mit Adlerfängen ausgestattet ist; E. SELER: Ges. Abhandlungen zur amerikanischen Sprach- und Altertumskunde, Neudruck: Graz 1960; Bd. 2 (1904), 709; 715–716; Bd. 3 (1908), 400. – Dem Untier, das in der Tiefe heiliger Brunnen haust, wurden vielerorts *Menschenopfer*, bes. das Opfer jungfräulicher Mädchen, dargebracht; der Cenote von Chichen Itzá dürfte das berühmteste Beispiel dafür sein; K. HELFRICH: Menschenopfer und Tötungsrituale im Kult der Maya, 61–62; 82–85. Eine ähnliche Vorstellung könnte auch dem Brunnenabstieg der beiden Mädchen im «Frau-Holle»-Märchen zugrunde liegen. – In der *ägyptischen* Mythologie wird die Erde als der Gott *Aker* in der Gestalt zweier einander den Rücken zukehrender Löwen verehrt, die den Rachen des Erdgottes im Westen und im Osten repräsentieren; M. LURKER: Götter und Symbole der Alten Ägypter, Bern-München 1974; Neudruck: München (GG Tb. 11276) 1980, 41–42. Auch das Bild des schwarzen *Panthers* erscheint als Symbol des Nachthimmels bzw. des abendlichen und morgendlichen Horizonts, der die Sonne verschlingt und erneuert hervorbringt; vgl. I. E. S. EDWARDS: Tutankhamun: His Tomb and its Treasures, New York 1976; dt.: Tutanchamun. Das Grab und seine Schätze; übers. u. mit Nachw. vers. v. J. Rehork, Bergisch-Gladbach 1978, 190–191 (Abb. des Panthers); 210–211 (Abb. des Gottes Aker). – Die ägyptische Himmelsgöttin *Nut*, deren Hieroglyphe ein Krug oder ein Uterus ist, wurde als eine Sau dargestellt, deren Leib mit zahlreichen saugenden Ferkeln, den Sternen, bedeckt war, die sie allmorgendlich verschlang; V. IONS: Ägyptische Mythologie, 47.

[24] Wie die Häutung, der Todesaspekt der Erdmutter (s.o. Anm. 20), in sich ein Moment der Wiederbelebung darstellt, so ist auch das *Verschlingen des Lichtgestirns* eigentlich eine orale Konzeption zur Wiedergeburt; L. FROBENIUS: Das Zeitalter des Sonnengottes, 223–263. Besonders schön ist das bekannte *ägyptische* Bild von der Himmelsgöttin *Nut*, die als Mutter des Himmelsgottes Re galt, weil sie jeden Abend die Sonne verschluckte, um sie am Morgen wiederzugebären; V. IONS: Ägyptische Mythologie, 123, Abb. – R. DRÖSSLER: Als die Sterne Götter waren, Leipzig 1976; Neudruck: Gladbach (Bastei-Lübbe Tb. 64051) 1981, 136–139. – *Tiefenpsychologisch* ist die Frau Holle ein Gegenbild zu der versagenden Mutter; sie ist gütig und gewährend, aber es kostet erst noch Gewissens-«bisse», um sich auf sie einzulassen. Die orale Ambivalenz dieses Gegensatzes ist am klarsten im Märchen von *«Hänsel und Gretel»* (KMH 15) ausgedrückt. Zum Zusammenhang von Oralität und Schuldgefühl vgl. E. DREWERMANN – I. NEUHAUS: Das Mädchen ohne Hände (Grimms Märchen tiefenpsychologisch gedeutet), Anm. 34; 35; 36; 37.

[25] So sieht F. Lenz tiefenpsychologisch in der «Stiefmutter» «die Vertreterin der materiellen Sinneswelt» und in der «Frau Holle» die «Herrin der außersinnlichen Welt»; F. LENZ: Bildsprache der Märchen, Stuttgart 1971, 207; 211. Eine ähnliche Zweiteilung von Diesseits und Jenseits, Leib und Seele kennt «Die Geschichte von den zwei Königen», in: E. LITTMANN: Die Erzählungen aus den tausendundein Nächten. Vollst. dt. Ausgabe in 12 Bänden, nach dem arab. Urtext der Calcuttaer Ausgabe aus dem Jahre 1839 übertr. v. E. Littmann, Frankfurt (insel tb. 224) 1976, Bd. XI 49–51. – Zur Gestalt der Frau Welt im Mittelalter vgl. das Gedicht von WALTHER VON DER VOGELWEIDE: Werlt, du ensolt niht umbe daz, in: Sämtliche Gedichte. Aus dem Mittelhochdeutschen übertragen von K. Pannier; Einl. u. Anm. v. H. Steinger, 4. neubearb. Aufl., Leipzig (reclam 819–820a) 1940, 78–79 (Nr. 62: An die Frau Welt): «Welt, wie soll ich folgen dir, / Wenn du also windest dich? / Willst du dich entwinden mir? / Nein, auch ich kann winden mich.»

[26] Insbesondere im Mithraskult wurde der Gott als sol invictus, als Unbesiegter Sonnengott verehrt; M. J. VERMASEREN: Mithras, de geheimzinnige god, Amsterdam-Brüssel 1959; dt.: Mithras. Geschichte eines Kultes, aus dem Holländ. übers. v. E. Cartellieri-Schröter; Stuttgart (ub 83) 1965, 76. Das Liebesmahl von Brot und Wein, die Himmelfahrt des Gottes, seine Mittlerstellung zwischen dem höchsten guten Gott (Ahura Mazda) und den Menschen, die Tötung des Stierdrachens, die Einweihungszeremonie – all dies waren Elemente des Mithraskultes, die dem Christentum parallel waren. Vgl. auch M. J.

VERMASEREN: Religionen im Wettstreit mit dem Christentum, in: A. Toynbee (Ed.): The Crucible of Christianity, London 1969; dt.: Auf diesen Felsen; übers. v. H. Lentner, G. Steinböck, A. Welti, T. Banndorff; Wien-München 1970, 253–260.

[27] Die Etymologie ist unsicher. «Huld» ist das Feminin-Abstraktum zu «hold», aus altnordisch *hylla;* althochdeutsch *«holdo»* ist «Geist», «Kobold», ein Wort, dessen kirchliche Ablehnung sich in «Unhold» manifestiert. Die germanische Wurzel dürfte *hal* – «sich neigen« (vgl. «Halde») sein. Demgegenüber bedeutet die Wurzel *hel* oder *hal,* die auch mit der «Frau Holle» in Verbindung gebracht wird (s.o. Anm. 20), soviel wie «bergen»; die «Hölle» ist ursprünglich das «Bergende» (vgl. «hehlen»). Die eigentliche Vorstellung dabei ist «steinern», von altnordisch *hella* – «Felsplatte»; vgl. «Hellbank» für «Ofenbank» oder «Hellegat» – Behältnis unter dem Deck des Schiffes; F. KLUGE: Etymologisches Wörterbuch der deutschen Sprache, Berlin-New York [21](unverändert) 1975, 314; 319; L. MACKENSEN: Deutsche Etymologie. Eine Leitfaden durch die Geschichte des deutschen Wortschatzes, Birsfelden-Basel 1977 (Lizenzausgabe), 68; s.o. Anm. 19. – Entsprechend dieser etymologischen Herleitung gibt es in den Sagen das Volk der *Hollen,* höhlenbewohnende Zwerge, die durch verschlossene Türen kommen und gegen die Menschen sich freundlich gesinnt erzeigen; besonders lieben sie kleine Kinder, die sie aber manchmal entführen und in ihren Höhlen verstecken. Ein solcher Ort z.B. ist das «Hollenhol» (die Hollenhöhle) unweit des Dorfes Scharfenberg bei Brilon im Sauerland, wo die Hollen einen Braukessel zur Bierherstellung in ihrer Höhle hatten – für die Psychoanalyse wiederum ein sexuell-weibliches Symbol. Vgl. Westfälischer Sagenschatz, Hünstetten (Opera-Verlag) 1979, 102 (ohne Verfasserangabe).

[28] Die alte *naturmythologische Schule* dachte noch bis zur Jahrhundertwende, die Mythen seien ursprünglich nichts anderes als Naturbeschreibungen; sie seien durchaus unsymbolisch, also möglichst buchstabengetreu und wörtlich zu verstehen; als bloße Appellative der Naturerscheinungen seien sie nicht einmal religiösen Inhaltes, sondern nur der Ausdruck einer bestimmten (falschen) Naturbetrachtung; so z. B. I. GOLDZIHER: Der Mythos bei den Hebräern und seine geschichtliche Entwicklung, 16. In solcher Betrachtung sind die Mythen selbstredend nur noch von rein historischem Interesse, ein Arsenal der Irrungen menschlichen Geistes. Aber auch die naturmythologische Schule mußte anerkennen, daß die Mythen, wenn schon Naturbeschreibungen, so doch *psychologisch bedingte* Apperzeptionen der Natur darstellen, an deren Anschauungsweise gleichermaßen die *soziale* Umwelt gestaltend beteiligt ist; vgl. z. B. L. FROBENIUS: Das Zeitalter des Sonnengottes, 28–38. Der Mythos ist eine Erzählung, die mit der Darstellung der Natur eine Begründung auch der sozialen Wirklichkeit zu geben versucht, und zwar so, daß der Mensch dabei mit seinen Gefühlen und in seinem Denken in die umgebende Natur wie Kultur eingebettet wird.

soziale Umwelt
↑
psychische Innenwelt ← Mythos → natürliche Umwelt

Diese *integrale* Funktion des Mythos schafft ein Einheitserleben, das in sich selbst *religiöser* Natur ist. Die drei Ebenen Psychologie, Soziologie und «Biologie» beeinflussen sich dabei gegenseitig: Je nach der natürlichen Außenwelt wird sich die Psychologie eines Volkes formen, und eine entsprechende Sozialordnung wird zwischen Natur und Psyche zu vermitteln suchen. – Von daher besitzt der Mythos ursprünglich und wesentlich eine *symbolische* und *religiöse* Dimension; und diese vermag auf gültige Weise Wahrheiten auszudrücken, die nur in symbolischen Bildern erfahrbar zu machen sind. Selbst nach Auflösung des mythischen Naturverständnisses und der historisch bedingten Sozialordnung, die ein einzelner Mythos reflektiert haben mag, kann der psychologisch und religiös-philosophische Inhalt eines Mythos (oder Märchens) daher von bleibendem Aussagewert sein. Der Begriff der «Religion» ist dabei in etwa so zu verstehen, wie F. Schleiermacher ihn definierte: als «Anschauen des Universums»; F. SCHLEIERMACHER: Über die Religion. Reden an die Gebildeten unter ihren Verächtern (1799). Mit einem Nachwort v. C. H. Ratschow, Stuttgart (reclam 8313 [3]) 1969, 38. Bereits für die älteste «Naturanschauung» des Mythos gilt, was H. Winckler von der babylonischen Mondmythologie und Bruderkampfmythe sagte: «Diese Auffassung löst die Vorstellung schon von dem rein körperlich Geschauten ab und faßt den Vorgang in einem vergeistigten Zusammenhange, indem sie das Spiel von göttlichen Gewalten... als die eigentliche Ursache ansieht. Der babylonischen Religion ist nicht der Mond oder sonst ein Gestirn die Gottheit, sondern nur eine der materiellen Offenbarungsformen des Geistes.», H. WINCKLER: Die babylonische Weltschöpfung, in: Der Alte Orient, 8. Jg. Heft 1, Leipzig 1906, 8–9.

[29] Vgl. E. DREWERMANN – I. NEUHAUS: Das Mädchen ohne Hände, Anm. 10; 11.

[30] Andere Naturgeschehnisse, die den gleichen symbolischen Inhalt verkörpern können, sind, je nach der geographischen Gegebenheit, der Wechsel von Sommer und Winter, von Nordwind und Südwind, der Gegensatz von Wüste und Kulturland etc.; vgl. E. DREWERMANN: Strukturen des Bösen, Bd. 3, 280.

[31] Allerdings zeigen die Parallelen zum Grimmschen «Frau-Holle»-Märchen, daß die Begriffe ohne weiteres als Einheit gedacht sind und dementsprechend verstanden werden müssen. Das Schweizer Märchen etwa, das schon den Titel trägt: *«Das gute und das böse Mädchen»,* beginnt mit den Worten: «Es war einmal eine Frau, die hatte zwei Töchter. Die eine war gut, gehorsam und fleißig... Das andere Mädchen war böse, ungehorsam, faul und betete nie sein Morgen- und Abendgebet»; R. WILDHABER u. L. UFFER (Hrsg.): Schweizer Volksmärchen, 239. – Auf den Gegensatz von Faulheit und Fleiß läuft auch das deutsche Märchen *«Von zwei Mädchen, die Feuer holen gingen»* hinaus: E. MOSER-RATH (Hrsg.): Deutsche Volksmärchen. Neue Folge, 184–186; s.o. Anm. 22. Im Hintergrund derartiger Erzählungen sind die *Mythen von den verfeindeten Geschwistern* zu sehen, deren Entgegensetzung für eine dualistische Weltbeschreibung

mindestens offen ist. Zur Gestalt des Bösen im Märchen vgl. E. DREWERMANN: Der Teufel im Märchen, in: Archiv für Religionspsychologie, hrsg. v. W. Keilbach u. K. Krenn, Bd. 15, Göttingen 1982.

[32] So verstand z. B. S. Freud in seiner Trieblehre das psychische Pendant des «Bösen», den Destruktionstrieb, als ein Verlangen, zum Anorganischen, zum Zustand ungestörter Ruhe und Bewegungslosigkeit zurückzukehren; S. FREUD: Jenseits des Lustprinzips (1920), Ges. Werke XIII 38–40, Frankfurt[1] 1940; DERS.: Warum Krieg (1933), Ges. Werke XVI 22–23, Frankfurt[1] 1950. – In den Mythen der Völker erscheint die Trägheit geradezu als metaphysisches Prinzip des Bösen, der Weltzerstörung; vgl. zu diesem Gedanken in der indianischen Philosophie L. SÉJOURNÉ: Altamerikanische Kulturen; aus dem Französischen übers. v. M. u. C. Schneider; Frankfurt-Hamburg 1971 (Fischer Weltgeschichte 21), 196–197.

[33] Am Ende des 4. Weltzeitalters der aztekischen Weltschöpfungsmythe, am Ende der Sonne «Vier Wasser», waren Himmel und Erde wie erstarrt, und die Götter fragten sich verzweifelt: «Wer wird leben, da der Himmel stillesteht und der Herr der Erde sich nicht mehr bewegt?» Um eine neue Menschheit zu schaffen, mußte Quetzalcóatl Knochen aus der Unterwelt holen, die er mit dem eigenen Blut zum Leben erweckte. – Durch das Selbstopfer des Gottes also wurde der Tod, der Stillstand der Welt, die absolute Bedrohung des Kosmos überwunden. So entstand das heutige 5. Weltzeitalter Naollin («Vier-Bewegung»). – Derselbe Vorgang wiederholte sich, als die Fünfte Sonne mitten im Himmel stillestand und binnen kurzer Zeit alles zu zerstören drohte. Damit die Sonne sich bewegte, mußten die Götter untergehen; aus ihrem Selbstopfer in Teotihuacan erhält sich nach indianischem Glauben die heutige Welt; L. SÉJOURNÉ: Altamerikanische Kulturen, 194–198. Vgl. W. KRICKEBERG (Hrsg. u. Übers.): Märchen der Azteken und Inkaperuaner, Maya und Muisca (1928), Düsseldorf-Köln 1968, 19–20.

[34] So bestimmte THOMAS VON AQUIN das Gute als etwas, das sich selber als Ziel mitteilt; Summa theologica I q5 a4 ad 2.

[35] Vgl. J. J. BACHOFEN: Das Mutterrecht, 18–22.

[36] Schon für Aristoteles ist das Schöne und das Gute so sehr eine Einheit, daß er dafür ein und dasselbe Wort gebraucht: die «Schöngutheit» (kalokagathia); das Schöne ist für ihn das Ziel, die Wesensausrichtung des Guten, der Tugend; ARISTOTELES: Nikomachische Ethik 1115^{b}12; 1122^{b} 6. Ähnlich sagt in der scholastischen Philosophie THOMAS VON AQUIN: Summa theologica I q5 a4 ad 1: «Das Schöne und das Gute sind dasselbe, da sie auf dem gleichen Sachverhalt gründen, nämlich der Wesensgestalt; deswegen auch lobt man das Gute als schön; nur der Hinsicht nach sind sie verschieden; denn das Gute ist wesenhaft auf den Willen ausgerichtet..., das Schöne aber ist ausgerichtet auf das Wahrnehmungsvermögen.» – Desgleichen definierte I. Kant: «Das Schöne ist das, was ohne Begriffe als Objekt eines allgemeinen Wohlgefallens vorgestellt wird», und verband mit «Wohlgefallen» die «Interesselosigkeit», die Freiheit vom Besitzstreben, daß etwas nur deshalb gefällt und gefallen muß, weil in ihm eine vollendete Harmonie und Übereinstimmung von Bild und Urbild, von sinnlicher Erscheinung und intelligiblem Wesen angetroffen wird; I. KANT: Kritik der Urteilskraft, Berlin-Libau[1] 1790; Neudruck: W. Weischedel (Hrsg.): Kant, Werke, Band IX–X, Wiesbaden 1957, 280–281; 288. – Ähnlich meinte F. Schiller, in der Schönheit sei der Abstand zwischen Materie und Form, zwischen Empfinden und Denken, der an sich unendlich ist, aufgehoben. «Durch die Schönheit wird der sinnliche Mensch zur Form und zum Denken geleitet; durch die Schönheit wird der geistige Mensch zur Materie zurückgeführt und der Sinnenwelt wiedergegeben.» F. SCHILLER: Über die ästhetische Erziehung des Menschen. In einer Reihe von Briefen (1795), 18. Brief; in: P. Stapf (Hrsg.): F. Schiller, Werke in 2 Bden., Wiesbaden o. J., II 618–619. – Zur Einheit von Fleiß und Schönheit im «Frau-Holle»-Märchen vgl. die geistreiche, aber oft sehr spekulative Deutung bei E. STORCK: Alte und neue Schöpfung in den Märchen der Brüder Grimm, Bietigheim 1977, 385: «Ihr (der Goldmarie, d. Vf.) Erdenwirken besteht in zusammenwirkendem Tun, welches anstrebt, den Einklang von Innerem und Äußerem in den Erscheinungen zu finden. Dieser Fleiß bildet, er erfüllt die Urform des Schönen; da wird die Transparenz reiner Verinnerlichung, das Durchscheinen des Geistig-Seelischen zum Eindruck.»

[37] In der scholastischen Metaphysik ist die ontologische Gutheit mit der Wahrheit eines Seienden identisch; nur der Vollzug des endlichen Geistes setzt die Differenz von Wissen und Wollen und begründet den Unterschied von Wahrheit und Gutheit, deren Identität gleichwohl im Vollzug unthematisch mitgesetzt wird; E. CORETH: Metaphysik. Eine methodisch-systematische Grundlegung, Innsbruck-Wien-München[2] 1964, 382.

[38] Der Widerspruch von Wesen und Erscheinung, die innere Unwahrheit, begründet die Bosheit, die Häßlichkeit und das mangelnde Handlungsvermögen, die «Faulheit» von etwas. Die psychische Erfahrung, die dieser philosophischen Ansicht zugrundeliegt, zeigt sich in der «Bequemlichkeitshaltung» des Neurotikers; vgl. H. SCHULTZ-HENCKE: Der gehemmte Mensch. Entwurf eines Lehrbuches der Neo-Psychoanalyse, 1940; Neudruck: Stuttgart 1947, 73–75.

[39] Sehr schön zeigt dies die aztekische Mythe «Zwei Götter werden Sonne und Mond»: um das Licht zu spenden, müssen die Götter sich ins Feuer werfen; der Gott Tecuciztécatl («Der aus dem Lande der Meerschnecke», der Mond) erklärt sich dazu bereit, und auch der armselige, geschlechtskranke Gott Nanauatzin weigert sich nicht; aber der prahlerische Mondgott bekommt trotz viermaliger Anläufe Angst, sich im Feuer zu verbrennen, während Nanauatzin allen Mut zusammennimmt und sogleich den Sprung wagt; daraufhin erst springt Tecuciztécatl auf den Herd. W. KRICKEBERG (Hrsg. u. Übers.): Märchen der Azteken und Inkaperuaner, Maya und Muisca, 16–18.

[40] S. o. Anm. 16.

[41] Diese Bestimmung fällt um so mehr auf, als in zahlreichen Mythen gerade betont wird, daß stets die Sonne zuerst aufgeht, hernach der Mond, wie z. B. in der aztekischen Mythologie, s. o. Anm. 39, S. 19. Vielleicht liegt das daran, daß die Mondmythologie historisch ursprüngli-

cher ist als die Sonnenmythologie, s. o. Anm. 16; in der Sicht des «Frau-Holle»-Märchens erwächst daraus jedoch ein zunächst recht pessimistisches Weltbild vom scheinbaren Primat des Negativen.

[42] Besonders in der *zarathustrischen Religion* steht im Mittelpunkt das Symbol des Flügelmenschen, des weiblich gedachten Genius (Fravashi) des Ahura Mazda, des guten Prinzips; sein Gegenspieler ist der Zwillingsbruder Angra Mainyu; vgl. K. F. GELDNER: Die zoroastrische Religion (Das Avesta), Tübingen 1926, 2–3; Yasna 30, 3–5: «Und im Angebinn waren diese beiden Geister, die Zwillinge, die nach ihrem eigenen Worte das Gute und das Böse (Prinzip) im Denken, Reden und Tun heißen. Zwischen ihnen haben die Guthandelnden richtig gewählt, nicht die Schlechthandelnden.» – Die spätere *Mithrasreligion,* vor allem aber der *Manichäismus*, ist von diesem dualistischen Weltbild tief beeinflußt worden; vgl. H. VON GLASENAPP: Die nichtchristlichen Religionen, Frankfurt (Fischer Lexikon, Bd. 1) 1957, 237–242 (zum Manichäismus); s. o. Anm. 26.

[43] Die Voraussetzung dieser Interpretation liegt in der Regel, in Märchen, Mythen und Träumen Verwandtschafts- und Herkunftsangaben als Bezeichnungen innerer Wesenszusammenhänge zu deuten; vgl. E. DREWERMANN: Strukturen des Bösen, Bd. 1, S. XVIII–XXXI (zur Kategorie des Anfangs in mythischen Erzählungen).

[44] B. DE SPINOZA: Traktat über die Verbesserung des Verstandes (Auszug), in: Die Ethik nach geometrischer Methode dargestellt (1677); übers. u. komm. v. O. Baensch (^{2}1910); eingel. v. R. Schottlaender, Hamburg 1955 (Philos. Bibl. 92), S. XXVII. – Sehr treffend hat J. Roth diese «Verzweiflung am Endlichen» und den Anfang einer tieferen Gesinnung einmal in der Novelle «Die Büste des Kaisers» wiedergegeben: «Ich habe erlebt…, daß die Klugen dumm werden können, die Weisen töricht, die echten Propheten Lügner, die Wahrheitsliebenden falsch. Keine menschliche Tugend hat in dieser Welt Bestand, außer einer einzigen: der echten Frömmigkeit. Der Glaube kann uns nicht enttäuschen, da er uns nichts auf Erden verspricht.» J. ROTH: Die Büste des Kaisers, in: Die Erzählungen. Nachw. v. H. Kesten, Amsterdam-Köln 1973, 193.

[45] S. KIERKEGAARD: Furcht und Zittern. Dialektische Lyrik, von Joh. de Silentio (Kopenhagen 1843), übers. u. komm. v. L. Richter, Hamburg (rk 89) 1961 (Kierkegaard, Werke in 5 Bänden, Bd. 3), 41; 44.

[46] S. KIERKEGAARD: Die Krankheit zum Tode. Eine christliche psychologische Entwicklung zur Erbauung und Erweckung, von Anti-Climacus (Kopenhagen 1849), übers. u. komm. v. L. Richter, Hamburg (rk 113) 1962 (Kierkegaard, Werke in 5 Bänden, Bd. 4), 20; vgl. E. DREWERMANN: Strukturen des Bösen, Bd. 3, 466–467.

[47] Das Bild des Buddha, der, sitzend unter dem Baum von Bodh-Gaya, zu sich selbst und zur Freiheit vom Haften an den irdischen Dingen erwacht, scheint dem Bild des Christus, der am Kreuzesbaum stirbt, geradewegs entgegengesetzt; aber beide Erlösungsbilder setzen ein unendliches Leiden an der Welt und eine Art Sterben voraus, ehe das Erwachen, die Auferstehung in einer anderen Welt, möglich wird; vgl. K. SCHMIDT (Übers. u. Komm.): Buddhas Reden. Majjhimanikaya. Die Sammlung der mittleren Texte des buddhistischen Pali-Kanons, Hamburg (rk 87–88) 1961, S. 118–125 (36. Sutta).

[48] H. HESSE: Das Glasperlenspiel. Versuch einer Lebensbeschreibung des Magister Ludi Josef Knecht samt Knechts hinterlassenen Schriften, herausgegeben von Hermann Hesse, Zürich 1943; Neudruck: Frankfurt (st 79) 1972, 418–419.

[49] Dementsprechend stehen an den Eingängen der *katholischen Kirchen* Weihwasserbecken und Taufbrunnen; denn erst durch eine Art von Tod gegenüber der äußerlichen Welt tritt man in die tiefere Wahrheit des Daseins ein und gelangt zu dem Ort, an dem die Gottheit wohnt; s. u. Anm. 60. Zur *Wiedergeburt aus dem Wasser* vgl. tiefenpsychologisch C. G. JUNG: Symbole der Wandlung. Analyse des Vorspiels zu einer Schizophrenie; Neubearbeitung von: «Wandlungen und Symbole der Libido» (1912); Ges. Werke, Bd. V, Olten-Freiburg 1973, 376–380; 421–423; E. DREWERMANN: Strukturen des Bösen, Bd. 2, 417–430; den Brunnen als «Tor zu vollem Bewußtsein», «zur Brücke des Aufgangs in das reine, unvergängliche Leben» sieht E. STORCK: Alte und neue Schöpfung in den Märchen der Brüder Grimm, 385. – H. SILBERER: Probleme der Mystik und ihrer Symbolik (1914), Darmstadt 1961, 64, verweist auf die Hollenteiche und Hollenbrunnen, aus denen die kleinen Kinder kommen. «Im Fruchtwasser schwimmen die Kinder… Dieses ‹Wasser› liegt natürlich in der ‹Mutter› Erde. Andererseits haben wir das Wasser der Toten (Totenstrom, Toteninsel usw.). Beiderlei Wasser… ist der mythische Aufenthalt der nicht (noch nicht oder nicht mehr) in dieser Welt befindlichen Menschen.»

[50] Ähnlich beschreibt schon HOMER (Odyssee, XXIV 13–14), wie der Gott Hermes die Seelen der Freier an den Strömungen des Okeanos und an dem Leukadischen Felsen vorbeiführt und sie dann an den Toren des Helios und an dem Land der Träume hinübergeleitet, bis sie auf die *Asphodeloswiese* gelangen, wo die Seelen wohnen, die Schattenbilder der Verblichenen; W. SCHADEWALDT (Übers.): Homer, Die Odyssee, Hamburg (rk 29–30) 1958, 307. – Der *Asphodelos,* den Homer meint, ist die in den Mittelmeerländern verbreitetste der sieben weiß bis rosa blühenden Arten der Liliaceengattung Asphodelos, deren Wurzelknollen der Demeter und Persephone geweiht waren; K. ZIEGLER u. W. SONTHEIMER (Bearb. u. Hrsg.): Der Kleine Pauly. Lexikon der Antike, München 1975; Neudruck: München (dtv 5963) 1979, Bd. 1, 651. – Als ein *Paradies* und eine *Blumenwiese* beschreibt Homer auch die *Insel der schönlockigen Nymphe Kalypso,* deren Höhle in einem Wald aus Erlen, Pappeln und Zypressen gelegen ist; Vögel nisten in den Bäumen, Weinreben klettern fruchtbeladen an der Höhlenwand, vier Quellen entspringen dort, und «ringsher sproßten kräftig weiche Wiesen von Veilchen und Eppich». HOMER: Odyssee V 55–70; SCHADEWALDT: a. a. O., 64–65. – Auch diese Wiese (oder der Wald, der Garten) ist ein mütterliches Symbol; es ist der Ort der Lebenserneuerung, «das Land, wohin die Sterbenden gehen» und «woher die Lebenden gekommen sind»; H. SILBERER: Probleme der Mystik und ihrer Symbolik, 45.

[51] Hiob 38–41.
[52] Vgl. die Rede des Stoney-Indianers Tatanga Mani in: T.C. MC LUHAN: Touch the Earth, 1971; dt.: ...wie der Hauch eines Büffels im Winter. Indianische Selbstzeugnisse; übers. v. E.Schnack, Hamburg 1979, 29; E.DREWERMANN: Der tödliche Fortschritt. Von der Zerstörung der Erde und des Menschen im Erbe des Christentums, Regensburg (Reihe: engagement) 1981, 107–108.
[53] W.MÜLLER: Glauben und Denken der Sioux. Zur Gestalt archaischer Weltbilder, Berlin [2]1970, 118.
[54] A.FOL U. I.MARAZOV: Goldene Fährte Thrakien. Porträt einer schriftlosen Hochkultur, o.J. (Verlag: Wort und Welt), 30.
[55] Vgl. E.DREWERMANN: Strukturen des Bösen, Bd.1, Paderborn[3] (erw.) 1981, Nachtrag: Von dem Geschenk des Lebens oder: das Welt- und Menschenbild der Paradieserzählung des Jahwisten (Gen 2,4b–25), 365–378.
[56] F.JAMMES: Das Paradies der Tiere; aus dem Franz. übers. v. E.A.Rheinhardt; in F.Jammes: Der Hasenroman und das Paradies der Tiere. Mit Zeichnungen v. R.Seewald, West-Berlin 1958; Neudruck: Frankfurt (Ullstein Tb.204) o.J., 134–136. – Ganz ähnlich läßt T.H.White den durch viel Leid geläuterten Ritter Lanzelot du Lac die Vögel sprechen hören; sie lehren ihn, «daß die Welt schön ist, wenn man selber schön ist, und daß man nichts bekommt, wenn man nichts gibt. Und man muß geben, ohne etwas dafür bekommen zu wollen.» T.H.WHITE: The Once and Future King, London 1976; dt.: Der König auf Camelot, 4 Bücher; übers. v. R.Rocholl; Stuttgart 1980; 3.Buch: Der mißratene Ritter, S.157–158.
[57] Der *Backofen* und der *Baum* sind *tiefenpsychologisch,* wie der Brunnen (s.o. Anm.49), weiblich-mütterliche Symbole, deren Aufeinanderfolge den Stadien der Empfängnis, der Embryonalzeit und der oralen Phase zu entsprechen scheint – ein Prozeß der *Regression* und der schrittweisen *Lebenserneuerung.* – Zur *Baumsymbolik* vgl. E.DREWERMANN – I.NEUHAUS: Der goldene Vogel (Reihe: Grimms Märchen tiefenpsychologisch gedeutet), Olten-Freiburg 1982, Anm.10. – Eine eigentümliche Darstellung einer weiblichen Gestalt (der Erdmutter?) unter einem Baum, die von drei Frauen mit Blumen beschenkt und von Sonne und Mond beschienen wird, ist auf einem goldenen Siegelring aus dem Gräberrund A der Burg von Mykene zu sehen: S.MARINATOS: Kreta, Thera und das mykenische Hellas. Aufnahmen von M.Hirmer, München [3]1976, S.178 zu Abb.229; vgl. H.PARS: Göttlich aber war Kreta; durchges. u. mit Nachw. vers. v. H.Guanella, Olten-Freiburg 1976; Neudruck: München (dtv 1649) 1981, 269–273. Zum *Ofen* als Symbol des Sommers wie des Mutterschoßes vgl. H.SILBERER: Probleme der Mystik und ihrer Symbolik, 86–87; zugleich ist der Ofen der Ort einer seelischen Verwandlung, a.a.O., 245.
[58] E.DREWERMANN: Strukturen des Bösen, Bd. 1, Nachw. (s.o. Anm.55), 375–378; ähnlich auch die richtige Intuition von H.ENGEL: Silberschatz und goldener Schlüssel. Volksmärchen – theologisch erzählt, Sankt Augustin[2] (erw.) 1980, 31–35. – Als ein Beispiel für viele sei der Anfang der *melanesischen* Mythe «Bei dem Mond und den Erdbebenmachern» wiedergegeben, um zu zeigen, wie selbstverständlich den Naturvölkern das Hören auf die Dinge ist: «Unter einem hohen Berg stand ein Felsen, unter dem Felsen lag ein Dorf. In dem Dorf lebte ein Mann namens Kor. Er war weise und tapfer und gut zu allen Menschen. Er schenkte ihnen sein Herz, und sie schenkten ihm ihre Herzen. Kor beobachtete oft den Mond und die Sterne und unterhielt sich mit ihnen. Manchmal legte er sein Ohr auf die Erde und horchte, was unter der Erde geschah. Er verstand, was die Winde der Erde sagten und was die Geister den Pflanzen sagten.» V.REIS: Märchen aus der Südsee; übers. v. L.Elsnerova, Hanau 1976, 77.
[59] Sehr schön beschreibt die folgende Meditationsanweisung die buddhistische Haltung: «So verweile ich, indem ich die Kraft der Freundschaft, die meinen Geist erfüllt, über eine Weltgegend hin sich erstrecken lasse; ebenso über die zweite, die dritte, die vierte, nach oben, nach unten, in die Quere; nach allen Seiten, in aller Vollständigkeit über das All der ganzen Welt hin lasse ich die Kraft der Freundschaft, die meinen Sinn erfüllt, sich erstrecken, die weite, große, unermeßliche, die von keinem Haß weiß, die nach keinem Schaden trachtet.» Zit. nach: H.OLDENBERG: Buddha. Sein Leben, seine Lehre, seine Gemeinde (1881); Neudruck: hrsg. u. mit Nachw. vers. v. H.v.Glasenapp, München (GG Tb.708–709) 1961, 278.
[60] Die Meditation universeller Güte und eines gehorsamen absichtslosen Wohlwollens gegenüber den Geschöpfen hängt auf das engste mit der Erfahrung zusammen, daß alle Dinge dem Menschen heimisch und verwandt sind. Den großartigsten symbolischen Ausdruck hat diese Entdeckung von der Vertrautheit und «Heimeligkeit» der Welt wohl in der Konzeption des *«Welthauses»* verschiedener nordamerikanischer Indianerstämme gefunden; vgl. W.MÜLLER: Glauben und Denken der Sioux, 130–161. Auch die Architektur *katholischer Kirchen* beschreibt den Grundriß eines solchen (paradiesischen) Welthauses: Das Gewölbe mit den 12 Apostelleuchtern stellt das Firmament mit den 12 Tierkreiszeichen dar; der Altar symbolisiert den Weltenberg, das Kreuz den Baum in der Mitte der Welt, die axis mundi; E.DREWERMANN: Strukturen des Bösen, Bd.1, Paderborn [3]1981, 369–372 (Nachtrag der 3.Aufl.). Die Symbolik ist dabei die gleiche wie im «Frau-Holle»-Märchen: Dort, wo die Gottheit wohnt, ist die Welt für den Menschen ein Zuhause.
[61] S.o. Anm.20; 21; 22; 23; in Mittelamerika und Südamerika verehrten z.B. die *Olmeken* und die Peruaner der Chavin-Kultur die *Jaguargottheit;* J.N.LEONARD: Ancient America, New York 1967; dt. Amerika. Die indianischen Imperien; übers. v. A.Blittersdorf; bearb. v. J.Volbeding; Hamburg (rororo life Bildsachbuch 27) 1971, 78–80.
[62] In *subjektaler* Deutung kann man natürlich die Bewegungen in der Welt der Frau Holle als *Regression* deuten (s.o. Anm.37); die Rückkehr in das Haus der Stiefmutter entspricht dann einer neuen Hinwendung zur äußeren Realität; so F.LENZ: Bildsprache der Märchen, Stuttgart 1971, 213. Aber der klassische Prozeß der psychischen Selbstfindung in den Märchen könnte kaum anders beschrieben werden, als daß im Hause der Frau Holle ein verwunschener Prinz wohnte, der nach vielen Mühen heimgeführt

würde, so wie es, in Umkehrung der Geschlechterrolle, etwa in *«Die Gänsehirtin am Brunnen»* (KHM 179) beschrieben wird. Auch Lenz sieht sich daher genötigt, den Reifungsprozeß des «Frau-Holle»-Märchens als eine geistige Bewegung, als eine Bewußtseinsänderung zu interpretieren; s. o. Anm. 3.

[63] Sehr treffend schildert T. H. White in seiner Nachdichtung der Arthur-Sage, wie der König, von dem Zauberer Merlin in die Weisheit des Tierreiches und «der Gnade des Mitternachtsverstandes» unterwiesen, in die Welt zurückkehren und Frieden schaffen soll; Arthur ist in all seinen Bemühungen gescheitert und von seinen besten Freunden betrogen worden; aber er findet in die Welt zurück durch eben den «Gehorsam», den das «Frau-Holle»-Märchen schildert. White sagt: «Plötzlich empfand er (König Arthur, d. Vf.) die starke traurige Süße des Seins als Sein, jenseits von richtig oder falsch: daß die bloße Tatsache des Seins das endgültige Richtige war. Er begann das Land unter sich mit einer wilden Sehnsucht zu lieben, nicht weil es gut oder schlecht war, sondern weil es war: wegen der Schatten der Getreidegarben an einem goldenen Abend... weil die Sterne in den Pfützen heller strahlten als am Himmel... weil dort unten im Mondlicht Gottes größter Segen für die Welt lag, das silberne Geschenk des Schlafes.» «All die Schönheit seiner Menschen fiel ihm ein statt ihrer Entsetzlichkeit... Plötzlich sah er die Menschen vor sich, die ein Opfer auf sich genommen hatten: Gelehrte, die für die Wahrheit verhungert waren, Dichter, die niemals um des lieben Erfolges willen Kompromisse eingegangen waren, Eltern, die ihre eigene Liebe unterdrückten, damit ihre Kinder leben konnten, Ärzte und Heilige, die gestorben waren, um zu helfen, Millionen Kreuzritter, vorwiegend dumme, die wegen ihrer Dummheit geschlachtet worden waren – doch sie hatten es gut gemeint.» T. H. WHITE: The Book of Merlyn. The Unpublished Conclusion to The Once and Future King, 1958; dt.: Das Buch Merlin. Das bisher unveröffentlichte fünfte Buch von «Der König auf Camelot»; übers. v. I. Brender; Nachw. v. F. Hetmann: Merlin. Porträt eines Zauberers. Und: Über Terence Hanbury White, Düsseldorf-Köln 1980, 128–131. – Nur in einer solchen Haltung wird es möglich sein, Idealität und Wirklichkeit zu versöhnen und die Welt zu akzeptieren, wie sie ist: Man muß die Dinge und die Menschen dafür liebgewinnen, daß sie sind, jenseits der moralisierenden Wertungen, und man muß jenseits der Frage nach Ergebnis und Erfolg das wollen, was in sich gut ist – oder doch wenigstens im Augenblick als gut erscheint.

[64] Unter persischem Einfluß ist *der Hahn* in seiner Verbindung mit Hermes, Helios-Apollon, Eros, Mithras ein Vogelsymbol der Lichtgottheit; K. ZIEGLER u. W. SONTHEIMER: Der Kleine Pauly. Lexikon der Antike, Bd. 2, 1239. Der Hahn war in Griechenland das Opfertier des Heilgottes *Asklepios,* der durch seine Geburt aus der Mutter *Aigle* als der hellaufleuchtende *Apoll* gekennzeichnet ist; die Beziehung des Hahns zum Sonnenaufgang, zur Wiedergeburt, zur Überwindung der Dunkelheit und Krankheit, zur Bewußtwerdung ist in der Asklepiosmythe besonders deutlich. Von dem berühmten Ausspruch, den Sokrates unmittelbar vor seinem Tode tat: «O Kriton, wir schulden dem Asklepios noch einen Hahn, entrichtet ihm den, versäumt es ja nicht» (PLATON: Phaidon, 118a), meint K. Kerényi: «Er hätte ebensogut sagen können: ‹Die Sonne geht auf, das Licht kommt, danken wir dafür!›» K. KERÉNYI: Der göttliche Arzt. Studien über Asklepios und seine Kultstätten, Darmstadt 1956, 67.

[65] In gerade diesem Sinne wird man wohl auch das Bild vom *«Goldregen»* der Frau Holle deuten müssen, vorausgesetzt, daß die Frau Holle mit der germanischen Göttin *Freya* identisch ist (s. o. Anm. 17). Denn «Freya wird auch die Göttin genannt, die durch ihre Tränen verschönt wird und deren Tränen sich in Gold verwandeln». J. JENS: Mythologisches Lexikon. Gestalten der griechischen, römischen und nordischen Mythologie, München (GG Tb. 11310) 1958, 141. So weint Freya ihrem Gatten Odin Tränen von rotem Gold über seinen Verlust nach. Die zwei Töchter der Freya nennt Snorri *Hnoss* («Kleinod») und *Gersini* («Schatz»); E. NEUMANN u. H. VOIGT: Germanische Mythologie, in: H. W. Haussig (Hrsg.): Wörterbuch der Mythologie, 2. Bd.: Götter und Mythen im Alten Europa, Stuttgart 1973, 45–46.

[66] E. DREWERMANN: Strukturen des Bösen, Bd. 3, 584–588; DERS.: Der Teufel im Märchen, in: Archiv für Religionspsychologie, hrsg. v. W. Keilbach und K. Krenn, Bd. 15, Göttingen 1982. E. STORCK: Alte und neue Schöpfung in den Märchen der Brüder Grimm, 388, meint von der Pechmarie als Inbegriff des Bösen: «Es vergewaltigt Geistiges zu Materiellem.» «Bequem und erden-faul geht dieses Mädchen an der Forderung seines Schicksals vorbei, das ihm aus jedem Ding und Vorgang zuruft: Wandele dich an mir!»

[67] M. BUBER: Die Erzählungen der Chassidim, Zürich 1949; in: Werke, Bd. 3: Schriften zum Chassidismus, München-Heidelberg 1963, 536.

[68] G. BERNANOS: Journal d'un Curé de Campagne, Paris 1936, S. 5 (hier eigene Übersetzung); dt.: Tagebuch eines Landpfarrers, übers. v. J. Hegner, Zürich 1975, 9.

Weitere Bände der Reihe

Die kluge Else/Rapunzel
Das Mädchen ohne Hände
Der goldene Vogel
Schneeweißchen und Rosenrot
Der Herr Gevatter/
Der Gevatter Tod /Fundevogel
Marienkind
Die Kristallkugel
Der Trommler
Brüderchen und Schwesterchen
Aschenputtel
Die zwei Brüder